名师名校名校长

凝聚名师共识
回应名师关怀
打造名师品牌
培育名师群体

回归游戏 幸福童年

易江群 编著

西南大学出版社
国家一级出版社 全国百佳图书出版单位

图书在版编目（CIP）数据

回归游戏　幸福童年 / 易江群编著. -- 重庆：西南大学出版社，2023.12
ISBN 978-7-5697-2208-6

Ⅰ. ①回… Ⅱ. ①易… Ⅲ. ①游戏课－教学研究－学前教育 Ⅳ. ①G613.7

中国国家版本馆CIP数据核字(2024)第012824号

回归游戏　幸福童年
HUIGUI YOUXI　XINGFU TONGNIAN

易江群　编著

责任编辑：	唐　诗
责任校对：	万珊珊
装帧设计：	言之凿
出版发行：	西南大学出版社（原西南师范大学出版社）
印　　刷：	北京政采印刷服务有限公司
成品尺寸：	185 mm×260 mm
印　　张：	13.75
字　　数：	278千字
版　　次：	2023年12月　第1版
印　　次：	2023年12月　第1次印刷
书　　号：	ISBN 978-7-5697-2208-6
定　　价：	68.00元

序言

让幼儿在游戏中幸福成长

连州市实验幼儿园位于国家级安吉游戏实验区的粤北山区，在政府的大力支持下，易江群园长带领全园教师，矢志带给孩子们一个幸福的童年，孜孜探索提升幼儿园自主游戏活动质量的路径和方法。易园长的团队立足于多年的实践经验，将所行所感凝聚于《回归游戏 幸福童年》一书中。我有幸先睹为快，掩卷覃思，愿以此序将所思所悟与各位同行分享。

游戏是幼儿学习的基本方式，也是幼儿园的基本活动，这是学前教育界的普遍共识。可以说，游戏活动的质量，从根本上决定了幼儿园教育的质量。虽然人们对游戏有不同的定义，但从根本上说，幼儿的游戏是指以幼儿快乐和满足为目的，采用各种互动方式展开的活动。在游戏过程中，幼儿作为互动的主体，与特定的材料、环境、同伴和成人互动。喜欢参与游戏活动是幼儿的天性，在游戏中，幼儿通过多种感官和动手操作，感知和探索周围的世界；在与环境和他人互动的过程中，发挥自己的想象，达成心中的愿望，认识自己的能力，享受交往的乐趣。我曾数次到连州市实验幼儿园实地探访，切身感受到幼儿园的孩子们是幸福的。

一、幸福的童年，首先必须是快乐的

就幼儿自身而言，游戏的内容、环境、材料、情景对幼儿有吸引力，幼儿愿意投入时间和精力，并能从中感受到喜悦和满足的游戏就是快乐的游戏。为此，连州市实验幼儿园十分重视游戏区域规划，精心打造了自然、野趣的游戏场：安全舒适又充满挑战的游戏场景，让幼儿情不自禁地投身其中，享受游戏的乐趣；丰富多样而又简朴自然的操作材料，让幼儿在游戏中爱不释手，在游戏中感受自己的能力。

二、幸福的童年，还必须是有意义的

游戏活动承载了幼儿学习与发展的任务，其中快乐是基础，实现教育目标的"有意义"是根本目的。连州市实验幼儿园的实践经验表明，有意义的游戏活动，需要认真处理好以下三个方面的关系。

（1）幼儿主体与教师主导的关系：虽然幼儿是游戏活动的主要参与者，但教师要具备引导幼儿选择游戏活动主题和创设游戏情境的能力。因此，幼儿园特别重视教师游戏观察能力的提升，并将其作为教师专业能力发展的基础。

（2）游戏材料与游戏活动的关系：材料是游戏活动必要的支撑，但游戏活动的质量不取决于材料本身的质量，而是取决于幼儿对材料的使用方法。同样的小竹棍，在孩子的眼里，可以是瞭望镜，也可以是小木马，还可以是机关枪。

（3）生活经验与关键经验的关系：与幼儿生活经验相关联的游戏活动是较容易激发幼儿兴趣的。游戏是幼儿获得经验的过程，但零散的经验对幼儿发展的意义较为有限，条理性的经验或对经验反思之后获得的元认知，能最有效地促进幼儿关键经验的获得，对幼儿的心理发展具有重要的意义。书中可怡小朋友对蜗牛的观察，转变成了对蜗牛的图画表征记录，在与老师的交流中，又生成了孩子们对蜗牛的探索……

在外人眼里，幼儿园的游戏活动似乎是零碎的，甚至是烦琐的。然而，在挚爱孩子的教师心目中，游戏承载了孩子快乐的童年。在快乐的基础上融合了有意义内涵的游戏，才能带给幼儿真正幸福的童年。为此，我也想对陪伴孩子幸福成长的幼儿园老师们表达深深的敬意！

华南师范大学教育科学学院　郑福明

前言

一、回归游戏的背景

"以游戏为基本活动"已经说了很多年，我们是否做到了呢？幼儿的自主游戏真的自主吗？接触安吉游戏之后，我们反思了幼儿园开展的自主游戏是否具有真正意义的自主性，从而展开了一场"把游戏还给儿童"的革命。连州市实验幼儿园利用新建园的优势开展了以安吉游戏理念为引领，以《放手游戏　发现儿童》一书为指引的游戏革命。

2021年，连州市实验幼儿园在连州市委、市政府的高度重视下得以建成，幼儿园校园占地9 635.6平方米，总建筑面积7 746.45平方米，户外活动场地达到6 727平方米。同年，我调任连州市实验幼儿园担任园长。其实，在幼儿园建设期间，我已经兼任新园筹备组组长，参与幼儿园的规划与建设，尤其是主持参与了幼儿园的户外整体规划。我们把户外园林式的设计更改成多样化、自然野趣的游戏场，为幼儿园扎实开展户外自主游戏拉开序幕。

二、如何回归游戏

在开园之初，我们痛下决心，摒弃了传统的以五大领域为教育内容，以集体教学为主要形式的旧有的教育模式，开启了真正以游戏为主要活动的新模式。改革之初，我也非常忐忑，担心改革是否有成效，要对孩子们负责，对领导、对老师、对家长负责。在坚持了一年改革并初见成效后，我们的改革之路走得更坚定，更有信心了。

给幼儿提供游戏条件和机会。首先，我们要全面规划幼儿园室内外环境，让孩子们有地方玩。自然、野趣的户外场地能让孩子们有不同的体验，并能激起孩子的持续探究欲望和兴趣，如草地、泥地、沙水。其次，我们投放丰富的低结构材料，让孩子们有东西玩。我们在玩具的配备上，摒弃了高结构的大型玩具，如滑梯，大量使用可移动、可组合的低结构材料。最后，调整一日活动安排，确保充足的游戏时间和游戏机会，让孩子们有时间玩。

教师转变观念，观察与支持。首先是放手与退后，树立正确的儿童观。教师通过放手与退后，发现不一样的儿童，相信儿童是主动的、有能力的学习者，教师要从活动的组织者转变为儿童的追随者。其次是观察游戏，教师要静下心研究儿童的游戏，只有看懂了儿童的游戏，才会更加理解儿童，同时转变教育观。最后是在看懂儿童游戏的基础上给予支持与回应，帮助儿童梳理和提升经验。

三、回归游戏后的惊喜

幼儿的变化——回归游戏后，发现不一样的幼儿。当我们放手游戏之后，当我们"闭住嘴，管住手"之后，我们发现幼儿是值得信任的，他们是主动的学习者，并具有巨大的潜能。在游戏中，幼儿体格得到更好的发展，形成良好的情绪情感；更有助于他们良好习惯、自主能力的培养，良好学习品质的形成。对照《3～6岁儿童学习与发展指南》学习与发展目标，有部分幼儿还超出该年龄段的发展，对照《幼儿园入学准备教育指导要点》，在游戏实践中，能帮助幼儿做好入学准备。

教师的专业成长——回归游戏后，发现不一样的教师。老师们通过不断地学习、不断地解决实践过程中的困惑和问题，理论认识有了初步的内化，尤其是年轻教师的快速成长，让我们看到了不一样的教师。他们在不断地观察幼儿、解读游戏中，更加理解幼儿，尊重幼儿。

家长的变化——改变家长教育观。刚开始自主游戏实践时，有部分家长是持反对态度的，他们提出，"整天都在玩，以后怎么上小学？"当家长亲身体验游戏、了解游戏的价值并看到孩子的变化时，家长的观念也在悄悄地发生改变。他们慢慢认同游戏有价值、认可教师很专业。

坚持以游戏为基本活动，让幼儿园回归游戏，让儿童度过幸福而又快乐的童年，我们仍需不断努力。只要我们坚持行动、研究和发现，就会欣喜地看见儿童的变化发展、教师的成长。在实践自主游戏过程中，儿童的变化发展、教师的成长不断刷新我的儿童观、教育观，也就是这样促使我更深入地研究儿童，研究自主游戏课程。

我们处于粤北山区，作为当地的示范园，肩负着带动当地学前教育高质量发展的使命。本书收录了我园从园所规划、环境创设的具体做法，到鲜活的游戏活动案例，希望能够给姐妹园提升改革的信心，提供一些具体的、操作性强的可借鉴模式，以期携手共同发展。

本书得以出版，衷心地感谢李思英、骆蕊芬、林蕊、黄素芬、邹涌晶、谭龙凌、王丽、黄红玲、凌少英、黄芳洁、何小球、韩佳悦、何彦丽、钟嘉利、陈楚莹、黄淑亨、欧阳敏老师参与编写，感谢华南师范大学郑福明教授为此书作序。

易江群

2023年8月

目录

上篇　游戏环境创设

第一章　幼儿园区域规划 ················ 2

第二章　户外自主游戏区域创设 ············ 5

　　积木区 ······················ 5

　　综合活动区 ···················· 14

　　沙水区 ······················ 17

　　涂鸦区 ······················ 23

　　玩水区 ······················ 29

　　索道、爬网、山坡、沟壑 ·············· 33

　　滚筒区 ······················ 39

　　玩泥区 ······················ 42

　　玩木坊 ······················ 48

　　小树林 ······················ 55

第三章　室内游戏环境创设 ··············· 62

　　工具类 ······················ 62

　　益智类 ······················ 70

　　图书类 ······················ 79

　　积木、积塑类 ··················· 84

　　自然类 ······················ 89

· 1 ·

表演类 ·· 98
　　室内墙面及幼儿作品 ·· 102

第四章　动植物观察区的创设 ·· 106

第五章　场地安排以及时间安排 ·· 119

下篇　游戏观察

第六章　教师的放手 ·· 128

第七章　发现儿童案例 ·· 136
　　沟壑里的"小趣事" ··· 136
　　钓鱼欢乐多 ··· 139
　　惊险"爬梯" ··· 141
　　漂浮游戏 ··· 146
　　有趣的滑草车 ··· 150
　　奥利魔力转圈圈 ··· 153
　　海岛上的桥 ··· 158

第八章　游戏观察案例 ·· 161
　　滑道轮胎"对对碰" ··· 161
　　来之不易的滑板车 ··· 167
　　沙水里的"都江堰" ··· 172
　　"鼓风机"的探索之旅 ··· 180
　　炮弹发射器 ··· 191
　　趣味竹筒 ··· 199

上篇

游戏环境创设

第一章　幼儿园区域规划

一、关于区域命名

（一）户外游戏区域命名

游戏区域命名的背后，呈现的是幼儿园的教育理念。幼儿园开始自主游戏实践，首先是从区域命名的改革开始。一直以来，户外区域是以游戏玩法来命名的，如角色表演区、建构区或搭建区等。在搭建区，幼儿只会用积木玩搭建游戏吗？表演游戏只是发生在小舞台上吗？在游戏中，也会有孩子用积木搭建舞台，然后在上面表演。因此，幼儿园在开园时，户外的游戏区域不再以游戏玩法进行命名，而是以游戏材料或场地特征进行命名。以材料命名，如积木区、沙水区；以场地特征命名，如小山坡、小树林等。

（二）室内区域命名

同样，在室内外环境一体化的理念下，幼儿园在设置室内区域时也做了很大的调整。室内区域原来一直是以游戏玩法命名，如建构区、美工区、益智区等，并且用玩具柜隔断，分出一个个区域，幼儿每天选择性进入区域进行游戏。

室内环境的改革，首先是打破了区域之间的界限，不再按照功能划分区域。玩具柜不再是用来隔断的，主要是用来存放材料。撤掉了每个区域入口贴的"娃娃家""建构区"等大标签，与户外游戏区一样，以材料类型来命名。室内的材料主要以工具类、积木积塑类、自然材料类、图书类、表演类、益智类，并把游戏材料归类整理，分区域摆放。

室内环境改革的另一个重点是幼儿游戏的自主性。玩什么、怎么玩、什么时候玩均由幼儿决定，他们可以任意使用室内的材料，根据自己的意愿和想法开展游戏。游戏时间是灵活的，老师不再安排统一的室内游戏时间，早上入园后、餐后、游戏故事后等时间幼儿都可以自主选择材料开展游戏。

二、幼儿园室外区域规划

幼儿园环境有着重要的教育功能。为了让幼儿园建设得更合理，连州市教育局成立了筹备小组，成员包括市区公办园的园长及主任。他们参与了幼儿园建设的全过程，首先是幼儿园建筑图纸的规划，其次是跟进幼儿园的建设过程。筹备组对于幼儿园的整体造型、室内布局提出了很好的建议，尤其对户外环境进行了整体的规划，为幼儿开展自主游戏创设了良好的条件。

（一）场地的整体规划

幼儿园实景图

连州市实验幼儿园是2021年3月建设完成的。原来的户外设计方案是园林式，场地主要是塑胶地、水泥地等平坦的地面，绿化方面有观赏性植物、园林式的花圃等。在建设期间，幼儿园对户外的场地进行了整体规划，并成立了筹备组，经过筹备小组与建设方沟通，决定以打造自然、野趣的游戏场为宗旨，重新规划幼儿园户外场地。

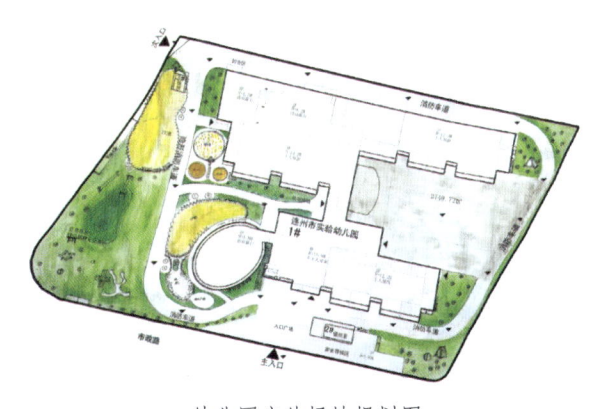

幼儿园户外场地规划图

幼儿园有22个班，户外面积比较大，占地面积9 635.6平方米，场地还有比较多的露台、架空层，可以在同一时段开展多个班的户外自主游戏。因此，在规划的时候就按照22个班的场地进行统筹。如沙水区有2个，可以同时容纳4个班同时游戏；积木区有5个，大型的塑胶场地可以同时容纳3个班同时游戏等。

（二）户外场地的细化

1. 打造自然、野趣、开放的场地

综合考虑幼儿园需要建设的自然场地类型，主要有沙水、草地、山坡、泥地、树林等，在规划时把这些场地有针对性地安排在合适的地方，如：幼儿园围墙的边角，适合做小树林，在规划的时候，在此处制订种植计划；沙水、泥地等地方，适合与草地相连，而不适宜与塑胶场地一起；山坡与草地、沙水区相连，场地边设计沟壑；玩水区与沙水区相连，与涂鸦区相连，玩木坊设置在相对独立的空间等。

2. 充分利用架空层、露台规划游戏场

幼儿园有宽阔的架空层，一楼有1个宽大的架空场地，二楼、三楼共有3个大露台，这些场地平整干净，适合开展积木游戏，因此，在场地规划的时候已经确定了要建5个积木区，包括螺母积木区。

3. 科学规划树木种植

幼儿园户外绿化的原始方案是种植一批观赏性树木，没有充分发挥树木的教育价值。筹备组通过反复讨论，制订了以本土果树为主的种植计划，种类达到15种，如连州当地出名的水晶梨、鹰嘴桃、杨梅等，既能遮阳，又能让孩子观察本土果树的生长；另外设计搭建大型遮阳棚，增加各种爬藤类植物，如鞭炮花、牵牛花、紫藤等，既能观赏，又能美化环境。

4. 整体规划配套的盥洗设施

幼儿在户外游戏期间以及游戏后，需要及时清洗手部、鞋子、材料等，根据就近原则，方便幼儿随时盥洗，配套的盥洗设施也要预先规划好。根据每个场地的盥洗需求设置不同的洗手台和水龙头，如玩泥区需要清洗鞋子、游戏服，水龙头要设置在地面；涂鸦区的洗手槽、水龙头数量要满足幼儿的需求等。每个区的盥洗如何设置在后面的章节有详细的介绍。

总之，场地的规划要有整体性、科学性，综合考虑幼儿园的户外特点，以多样性、自然野趣为目标结合班级数量、本土特色来开展。

第二章　户外自主游戏区域创设

积木区

一、环境

（一）场地介绍

这个区域不仅提供给孩子们一个充满创意和想象的游戏空间，同时也是他们学习结构、空间、平衡的重要场所。积木区的地面要求是宽阔、平整的，能够有足够的空间，以便孩子们可以舒适地玩耍和休息，平整的地面让积木搭建更平稳。

1. 积木1区

利用一楼的架空层设置积木1区，占地约158平方米。

积木1区

2. 积木2区

设置在一楼架空层，与积木1区相连，面积约152平方米。

积木2区

3. 积木3区

利用三楼宽阔的走廊通道和大露台设置积木3区，面积约245平方米。

积木3区

4. 螺母积木1区

利用多功能厅楼上的大露台设置螺母积木1区，面积约208平方米。

螺母积木1区

5. 螺母积木2区

利用二楼的露台设置了螺母积木2区，占地约133平方米。

螺母积木2区

（二）配套设施

1. 盥洗

按照就近的原则设置盥洗设施，靠近活动室的可以不用另外设置，幼儿可以随时进入班级洗手、如厕；公共区域可以设置洗手台、水龙头等盥洗设施。

积木1区和积木2区盥洗　　　　　积木3区就近的班级盥洗室

2. 遮阳

露台的阳光照射强，我们在露台的上面安装了遮阳网。

积木3区的防晒网　　　　　螺母积木2区的防晒网

二、材料

积木区通常包括各种不同形状和大小的积木，如方形、圆柱形、三角形、半圆、圆形等。积木的配备首先要确保积木的形状大小适合幼儿的手掌，以便他们能够轻松地抓取和搭建，其次，要确保积木的重量适宜，以避免幼儿受伤。

（一）材料的整理与收纳

积木种类、数量繁多，需要有足够的收纳柜，为了方便幼儿拿取，收纳柜需要长期放在室外，因此建议要用密封的不锈钢做柜体，柜面用帆布面料，面料边上加魔术贴，不用的时候贴紧柜边，确保其密封性。这样既经久耐用又可以防止异物进入。

收纳柜

积木收纳柜的高度要适中，能够让幼儿可以够得着最高一层，每种积木在收纳柜要有固定的地方摆放，做好图片标识，方便幼儿游戏时能看见、拿到、放回。除了收纳柜以外，还应准备适量的箩筐、拖车、篮子等收纳工具，方便幼儿提高收纳效率。

（a）

（b）

积木收纳柜和其他工具收纳区

（二）材料投放清单

1. 积木区材料

户外材料投放明细——积木区

区域	类别	材料名称	材料明细	投放数量	备注
积木区	积木材料	正方块	100 mm × 100 mm × 25 mm、100 mm × 100 mm × 50 mm	1500块	1套
		正方体	100 mm × 100 mm × 100 mm		
		长方体	200 mm × 100 mm × 25 mm、200 mm × 100 mm × 50 mm		
		长方块	200 mm × 100 mm × 100 mm、400 mm × 100 mm × 50 mm、600 mm × 100 mm × 50 mm		
		三角形	140 mm × 140 mm × 50 mm、210 mm × 210 mm × 50 mm		
		半圆形	200 mm × 50 mm		
		半圆环	400 mm × 200 mm × 50 mm		
		圆形	200 mm × 50 mm		
		长板	800 mm × 100 mm × 25 mm、1000 mm × 100 mm × 25 mm		
		圆柱	100 mm × 50 mm、100 mm × 100 mm、100 mm × 200 mm、100 mm × 400 mm		

（注：所有材料明细均以经销商提供清单为准）

附图

正方块	正方体	长方体
长方块	三角形	半圆形
半圆环	圆形	长板
圆柱1	圆柱2	圆柱3	圆柱4

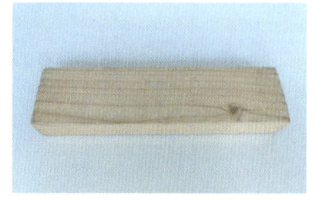

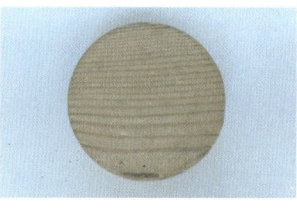

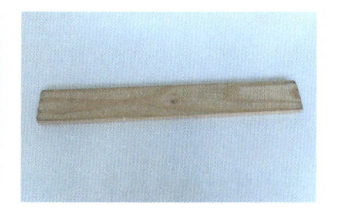

2. 螺母积木区材料

户外材料投放明细——螺母积木区

区域	类别	材料名称	材料明细	投放数量	备注
螺母积木区	积木材料	长条	长条Ⅰ、长条Ⅱ、长条Ⅲ、长条Ⅳ	566块	1套
		圆弧	圆弧Ⅰ、圆弧Ⅱ		
		骨头形	骨头Ⅰ、骨头Ⅱ		
		回旋镖形	回旋镖形		
		齿轮	齿轮Ⅰ、齿轮Ⅱ、齿轮Ⅲ		

续表

区域	类别	材料名称	材料明细	投放数量	备注
螺母积木区	积木材料	Y形	Y形	566块	1套
		船锚形	船锚形		
		工字形	工字形		
		门形	门形		
		手掌形	手掌形		
		S形	S形		
		方向盘形	方向盘形		
		双圆形	双圆形		
		云朵形	云朵形		
		方形连接件	方形连接件		
		L形连接件	L形连接件		
	辅助材料	螺丝	螺丝		
		螺母	螺母		
		滑轮	滑轮		
		绳子	尼龙绳子		

附图

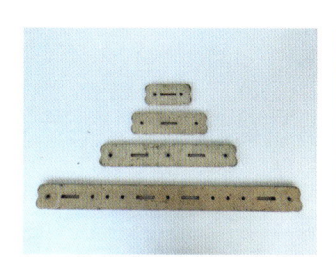

长条Ⅰ、Ⅱ、Ⅲ、Ⅳ 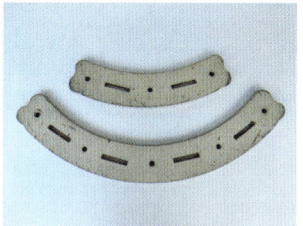　　　　圆弧Ⅰ、Ⅱ 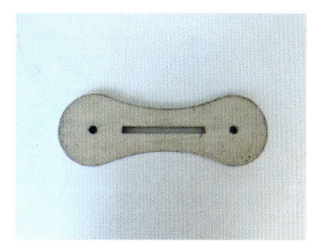　　　　骨头Ⅰ

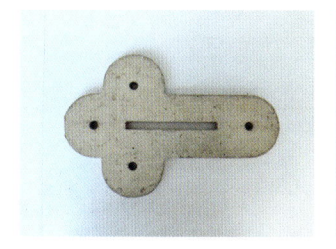

骨头Ⅱ 　　　　回旋镖形 　　　　齿轮Ⅰ

回归游戏　幸福童年

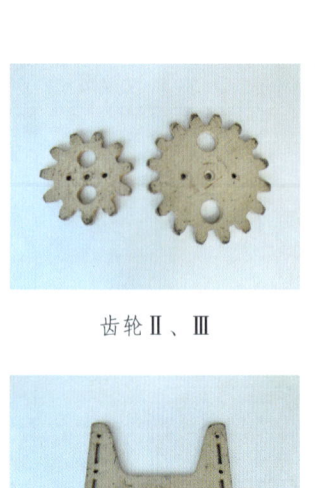

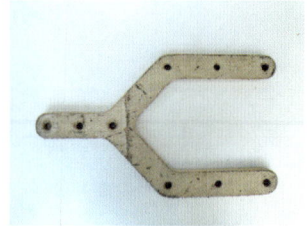

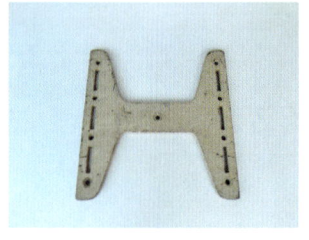

齿轮Ⅱ、Ⅲ	Y形	船锚形
工字形	门形	手掌形
S形	方向盘形	双圆形
云朵形	方形连接件	L形连接件
螺丝	螺母	滑轮	尼龙绳子

3. 收纳材料

户外积木区收纳材料投放明细——收纳材料

区域	类别	材料名称	材料明细	投放数量	备注
各积木区	收纳材料	编织篮	编织篮	2个	1套
		背篓	背篓1、背篓2	2个	
		竹篓	竹篓	2个	
		黄色平板车	黄色平板车	2台	
		箱形推车	箱形推车	1台	
		红色小推车	红色小推车	1台	
		折叠桶	折叠桶	4个	

附图

编织篮 　　背篓1 　　背篓2

竹篓 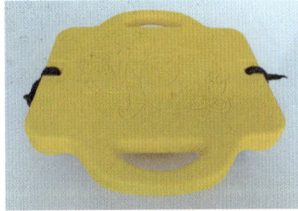　　黄色平板车 　　箱形推车

红色小推车 　　折叠桶

综合活动区

一、环境

（一）场地介绍

综合活动区占地面积约1 200平方米，位置在大操场，可以容纳两个班同时游戏。操场地面为塑胶材质，平整又有弹性的场地既方便搭建又可以起到一定的安全防护作用。当幼儿使用梯子、木箱、滚筒等大型材料进行有挑战性活动时，塑胶场地能够起到很好的保护作用。

综合活动区

（二）配套设施

1. 盥洗

按照就近的原则设置盥洗设施，靠近活动室的可以不用另外设置，幼儿可以随时进入班级洗手、如厕。

2. 遮阳

操场的紫外线强，因此要做好防晒措施，幼儿园在操场旁边两栋楼之间安装了遮阳网。

综合活动区就近的班级盥洗室　　　　　　　　遮阳网

二、材料

综合活动区的材料主要有梯子、长板、木箱、软垫和轮胎等低结构材料，以及一些辅助材料。因为要满足两个班同时游戏，游戏的材料数量就相对多一些。

（一）材料的收纳与整理

综合活动区提供了充足的游戏材料，想要做到既能让幼儿自主取放，又要保养得当，保持其耐用性，材料的收纳整理尤为重要。幼儿园将收纳设施就近依墙而建，利用窗户上方的屋檐挡雨，在放置材料的地面铺一层砖，避免雨天积水，并根据幼儿的身高、臂长设置不锈钢防护栏，防止因为梯子、长板等材料太高向前倾倒，也方便幼儿取放。材料分类存放，并有明显的图片标识，幼儿收拾材料时，能够根据标识把长板、木梯、木箱等放回相应位置。

游戏材料收纳设施

（二）投放材料清单

户外材料投放明细——综合活动区

区域	类别	材料名称	材料明细	投放数量	备注
综合活动区	综合材料	长条木板	1 000 mm×230 mm×25 mm、1 200 mm×230 mm×50 mm、1 400 mm×230 mm×50 mm、1 980 mm×230 mm×50 mm	40块	2套
		单梯	H：600 mm、H：1 000 mm、H：1 200 mm、H：1 500 mm	16把	
		双梯	H：600 mm、H：1 000 mm、H：1 200 mm、H：1 500 mm	24把	
		游戏垫	80 mm×80 mm	20张	
		箱子	边长600 mm、边长800 mm、边长1 000 mm	5个	
		轮胎	各色轮胎	26个	

附图

单梯 　　　　　　　　　　双梯

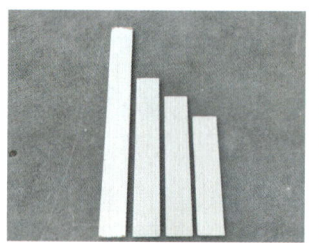

长条木板 　　　　　　　　游戏垫

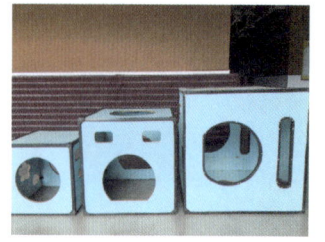

箱子 　　　　　　　　　　轮胎

沙水区

一、环境

（一）场地介绍

幼儿园户外沙水区是一个让幼儿探索自然、体验感官刺激的环境，也是一个有趣、丰富的学习和发展场所。

1. 沙水区1

沙水区1占地面积约135平方米，空间宽大，可同时容纳两个班的幼儿在此活动。区域内设置了大面积的遮阳及盥洗设施，投放了水车、各型号管道、筛网、铲子，以及各种废旧物品等材料。

沙水区1

2. 沙水区2

沙水区2占地面积约210平方米，空间宽大，可同时容纳两个班的幼儿在此活动。区域内设置了大面积的遮阳及盥洗设施，投放了水车、各型号管道、筛网、铲子，以及各种废旧物品等材料。

沙水区2

（二）配套设施

1. 盥洗

根据实际情况，在沙水区附近设置了盥洗设施，每个盥洗设施均设置10个以上水龙头，并投放适量的刷子等盥洗工具，方便幼儿使用。沙水区还设置了大量的双向水龙头，并在沙池周围铺设鹅卵石走道。

沙水区盥洗设施

2. 遮阳

区域内设置了大面积的遮阳设施，另外在沙水区2搭建大型置物攀爬架，保证幼儿在炎热的天气下有一个舒适的环境。

沙水区1遮阳设施　　　　　　　　沙水区2遮阳设施

3. 游戏装备

幼儿园为幼儿准备了适合玩水的防水游戏服。穿上它可以让幼儿在游戏中自由探索，不用担心弄湿衣物。

游戏服

二、材料

材料投放方面，需提供多种种类和质地的游戏工具，如铲子、桶、水壶、漏斗等，同时，草地上的大型材料棚里放置的梯子、长板、轮胎等也可以让孩子随意使用。

（一）材料的整理与收纳

沙水区材料的收纳统一使用不锈钢收纳柜，柜面用帆布面料，面料边上加魔术贴，不用的时候贴紧柜边。因为沙水区的材料相对其他游戏来说比较多，所以需要准备足够的玩具收纳柜。材料要做好标识并分类摆放，方便幼儿拿取收放。

沙水区1材料柜

沙水区2材料柜

（二）材料投放清单

1. 材料类

户外材料投放明细——材料类

区域	类别	材料名称	材料明细	投放数量
沙水区	材料类	立板1	厚：15 mm　宽1：200 mm　宽2：300 mm　高：366 mm	12块
		立板2	宽：200 mm　宽：300 mm　高：528 mm	12块
		立板3	宽：200 mm　宽：300 mm　高：680 mm	12块
		立板4	宽：200 mm　宽：300 mm　高：831 mm	12块
		水车	宽：430 mm　高：320 mm	1辆
		鱼板	长：394 mm　宽：150 mm　高：15 mm	44块

续 表

区域	类别	材料名称	材料明细	投放数量
沙水区	材料类	剖面管1	长：100 cm	20根
		剖面管2	长：150 cm	10根
		剖面管3	长：200 cm	5根
		管道1	长：100 cm	10根
		管道2	长：150 cm	5根
		管道3	长：200 cm	2根
		三通	透明PVC	10个
		双通	透明PVC	10个
		硅胶管	4分	1根
		铲子	中	17把
		铲子	大	3把
		筛网	小	20个
		筛网	中	10个
		筛网	大	5个
		沙桶	铁皮桶	10个
		刷子	刷子	10把

附 图

立板1 　　　立板2 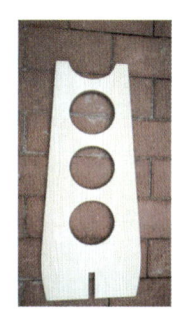　　　立板3 　　　立板4

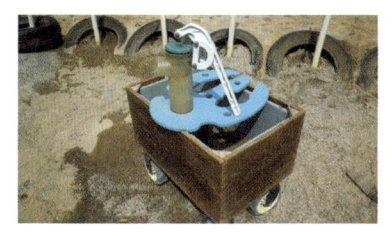

水车 　　　鱼板

剖面管 　　　　　　　管道 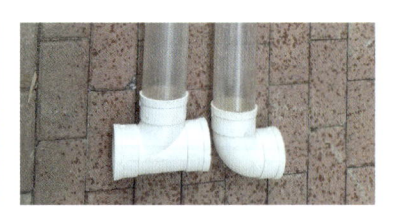　　　　　　　三通、双通

铲子 　　　　　　　硅胶管 　　　　　　　筛网

桶 　　　　　　　刷子

2. 装备类

户外材料投放明细——装备类

区域	类别	材料名称	材料明细	投放数量
玩水区	装备	游戏服	S码、M码、L码、XL码各10件	40件

3. 本土材料

户外材料投放明细——本土材料

区域	类别	材料名称	材料明细	投放数量
沙水区	本土材料	废旧瓶罐	牛奶罐、矿泉水瓶等	50个
		竹筒	各种长度的竹筒	若干
		砖头	烧制的砖头	若干
		竹制品	竹筐、竹箩、簸箕等	若干

附图（部分）

废旧罐　　　　　　　　　废旧瓶

涂鸦区

一、环境

（一）场地介绍

涂鸦是幼儿喜爱的一种游戏。幼儿园在户外利用多功能厅外墙、幼儿园围墙，结合草地、竹林创设了多个涂鸦区。涂鸦墙有多种材质，有直接刷墙漆的墙面，也有瓷砖墙面，还有磁性黑板墙面。

1. 涂鸦区1

涂鸦区1占地面积约52平方米，空间宽大，可容纳一个班的幼儿在此活动。区域内设置了墙面涂鸦、桌面涂鸦，并投放了滚筒、瓦罐、梯子、石头等材料，使幼儿有更多涂鸦的选择。

涂鸦区1

2. 涂鸦区2

涂鸦区2占地面积约24平方米，与小树林2结合供幼儿综合使用。

3. 涂鸦区3

涂鸦区3占地面积约140平方米，从小树林3延伸到跑道的黄色墙，可与小树林2综合使用。

涂鸦区2　　　　　　　　　　　　　涂鸦区3

（二）配套设施

1. 盥洗

根据实际情况，在涂鸦区附近设置了盥洗设施，每个盥洗设施均设置10个以上水龙头，并投放适量的刷子等盥洗工具，方便幼儿涂鸦时取水、对涂鸦墙清洗及幼儿游戏后盥洗等。

涂鸦区盥洗设施

2. 遮阳

区域内设置了遮阳伞，为涂鸦区提供足够的阴影和遮阳设施，保证幼儿在炎热的夏天有一个舒适的环境。另外，涂鸦区与小树林相邻，树林便成为了天然的遮阳场地。

涂鸦区遮阳伞

二、材料

在材料投放上，为确保涂鸦区的安全性，首先，教师应选择无毒、耐用的颜料，避免使用尖锐、易碎的物品。其次，要给幼儿提供丰富的材料，如彩色粉笔、水粉颜料等，充分激发他们的想象力和创造力。

（一）材料的整理与收纳

涂鸦区材料的收纳统一使用不锈钢收纳柜，柜面用帆布面料，面料边上加魔术贴，不用的时候贴紧柜边。材料要做好标识并分类摆放，方便幼儿拿取收放。

涂鸦区材料收纳柜

（二）材料投放清单

1. 工具类

户外材料投放明细——工具类

区域	类别	材料名称	材料明细	投放数量
涂鸦区	工具	竹梯	竹梯	2把
		双梯	二级、三级、四级、五级	7把

· 25 ·

续 表

区域	类别	材料名称	材料明细	投放数量
涂鸦区	工具	单梯	二级、三级、四级	7把
		防护用具	围裙	20条
			袖套	20副
		盥洗用具	刷子	10把

附图

竹梯 　　　　　　　双梯 　　　　　　　单梯

围裙 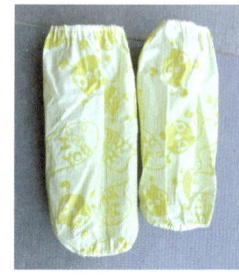　　　　　　　袖套 　　　　　　　刷子

2. 美术材料

户外材料投放明细——美术材料

区域	类别	材料名称	材料明细	投放数量
涂鸦区	绘画材料	水粉颜料	柠檬黄、土黄、朱红、大红、紫色、淡绿、翠绿、湖蓝、普蓝、褐石、白色、黑色	12瓶
		粉笔	蓝、绿、黄、红、粉	40根
		黏土	黏土	20袋

附图

水粉颜料（部分） 　　　　　粉笔 　　　　　　黏土

3. 辅助材料

户外材料投放明细——辅助材料

区域	类别	材料名称	材料明细	投放数量
涂鸦区	辅助材料	吸管	吸管	100根
		调色盘	大、中、小	25个
		画笔	勾线笔、扁平头	40支
		塑料瓶	塑料瓶	20个
		风扇叶	风扇叶	4片
		旧衣服	旧衣服	20件
		滚筒	直径560 mm，长900 mm及直径630 mm，长900 mm	2个

附图

吸管 　　　　　　　调色盘 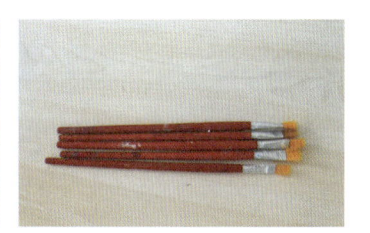　　　　　　　画笔

塑料瓶 　　　　风扇叶 　　　　旧衣服 　　　　滚筒

4. 本土材料

户外材料投放明细——**本土材料**

区域	类别	材料名称	材料明细	投放数量
涂鸦区	本土材料	瓦罐	各形状瓦罐	6个
		鹅卵石	各种鹅卵石	40块
		木块	木块	35块
		瓦片	瓦片	40片
		松果	松果	50个
		枯树枝	枯树枝	若干
		风车	风车	1个
		竹筒	竹筒	20个

附图

瓦罐

鹅卵石

木块

瓦片

松果

枯树枝

上篇 游戏环境创设

风车 　　　　　　　　　竹筒

玩水区

一、环境

（一）场地介绍

玩水池面积约50平方米，与旁边的涂鸦区一起可容纳两个班的幼儿活动。小水池地面由鹅卵石铺设，鹅卵石光滑无尖角，保证安全的同时增加了幼儿玩水时的触感，为幼儿提供了一个富有创意、安全、干净、乐趣的环境。值得注意的是，玩水池要定期做好清洁消毒。

玩水区

（二）配套设施

1. 盥洗

区域附近设置了盥洗设施，安装了10个水龙头，并投放适量的刷子等盥洗工具，此盥洗设施设置在玩水区与涂鸦区1之间，方便幼儿涂鸦时取水、对涂鸦墙清洗及幼儿游戏后盥洗等行为。（图见P24涂鸦区盥洗设施）

2. 游戏装备

幼儿园为幼儿准备了玩水的防水游戏服，可以让幼儿在游戏中自由地探索，不用担心弄湿衣物。

· 29 ·

二、材料

为了增强幼儿户外玩水区的趣味性，幼儿园投放了很多玩水的玩具，如水枪、水桶、水瓢等，并收集适合玩水的各种低结构的本土材料及废旧物品，如小船、各种瓶子、碗、锅、盆等。同时也准备好活动装备及盥洗工具刷子等，为幼儿玩水做好安全防护及清洁。

（一）材料的整理与收纳

玩水区材料的收纳统一使用不锈钢收纳柜，柜面用帆布面料，面料边上加魔术贴，不用的时候贴紧柜边。材料要做好标识并分类摆放，方便幼儿拿取收放。

玩水区材料收纳柜

（二）材料投放清单

1. 工具类

户外材料投放明细——工具类

区域	类别	材料名称	材料明细	投放数量
玩水区	工具类	水瓢	塑料水瓢	5个
		铲子	塑料铲子	10把
		水枪	塑料水枪	6把
		漏斗	塑料漏斗	6个
		铁皮桶	铁皮桶	10个
		橡胶盆	橡胶盆	2个
		排水管	塑料排水管	3根
		海绵块	海绵块	6块
		泡沫垫	PE材质的泡沫垫	1张
		刷子	刷子	10把

附图

水瓢	 铲子
 水枪	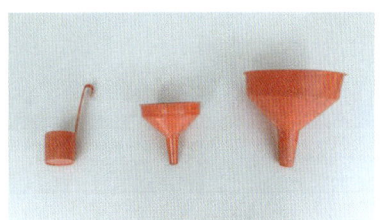 漏斗
 铁皮桶	 橡胶盆
 排水管	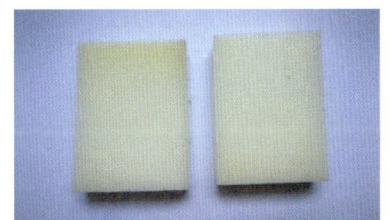 海绵块
 泡沫垫	 刷子

2. 装备类

户外材料投放明细——装备类

区域	类别	材料名称	材料明细	投放数量
玩水区	装备类	游戏服	S码、M码、L码、XL码各10件	40件

3. 本土材料

户外材料投放明细——本土材料

区域	类别	材料名称	材料明细	投放数量
玩水区	本土材料	废旧瓶罐	矿泉水瓶、洗衣液桶、奶粉罐等	50个
		废旧生活用品	不锈钢盆、漏勺、汤勺等	20个
		小船	乌篷船	1艘
		鹅卵石	鹅卵石	40块

附图

矿泉水瓶

不锈钢盆

塑料盆

漏勺、汤勺

乌篷船

鹅卵石

索道、爬网、山坡、沟壑

一、环境

(一) 场地介绍

索道、爬网、山坡、沟壑这几个区域面积总共约960平方米，地面是铺设的草皮，与沙水区相邻。这里的每个游戏区都是相通的，材料也是共享的，幼儿可以不受区域和材料的限制随时随地与大自然互动，进行探索。为了开阔幼儿的视野，更好地激发幼儿的好奇心、想象力，幼儿园利用草地四季的变化和地面高低不平的特征，结合花、树木、石头等自然物，创设了一个自然和野趣相结合的区域，也让幼儿在游戏的同时能获得运用多种感官探究的机会。

1. 索道

索道区域设置在软底草坪内，滑索则利用两侧地势的高度差，以索道和滑轮为工具，从高点快速向地面滑行，此游戏具有挑战性、刺激性。在游戏中，幼儿既锻炼了身体的协调平衡能力，又获得了乐趣。幼儿在进行有挑战性的活动时，草坪场地能够起到很好的保护作用。

索道

2. 爬网

在相对柔软且空间开阔的草地上安置爬网，使其与小山坡相邻，既满足了幼儿对独立空间的需求，又起到了一定的保护作用，同时还能让幼儿在自由攀爬、摇荡时尽情享受挑战带来的刺激与乐趣，累了还能躺在网子上面休息。

爬网

3. 小山坡

小山坡最高处距地面有3米，坡地与大片的草地连接形成了非常自然而有挑战的游戏场所，再加上泥巴和草坪打造出的崎岖不平的道路和高低起伏的坡度，让幼儿既可以体验上坡、下坡时的不同视角，又能利用区域材料满足幼儿的游戏需求，同时还能激发幼儿对大自然的探索。

小山坡

4. 沟壑

沟壑是一种向下拓展空间的自然环境，幼儿园利用自然的地势条件，创设了不同的高度和宽度的沟壑，给幼儿带来不同的观感刺激，生成不一样的游戏体验，幼儿除了可以在这里跳上跳下、跨进跨出，还可以利用长板、轮胎等材料玩搭桥、铺路、抓鱼等各式游戏。

沟壑

（二）配套设施

1. 盥洗

在场地的周边有充足的盥洗设施，幼儿也可以随时进入班级洗手、如厕。

2. 遮阳

户外的紫外线强，幼儿园在该区域安装了防晒网，还有可收折的遮阳伞，场地周边种植的树木也有遮阳作用，还在荫凉处放置了凉椅、垫子等供幼儿休息。

凉椅　　　　　　　　　　　防晒网

遮阳伞

二、材料

这个区域的材料是多样化且综合性的。既有综合活动区的梯子、长板软垫等，也有一些收集的废旧物品以及本土材料，幼儿可以自主取放在场地上的各种游戏材料。

（一）材料的收纳与整理

幼儿园在围墙边安装了材料棚，用来收纳梯子、长板、木箱等，避免了材料雨淋日晒；因为与沙水区相邻，这些材料还可以让在沙水区游戏的幼儿使用。放置梯子长板等材料的墙边也安装了不锈钢防护栏，防止材料向前倾倒。

比较小型的材料用密封的不锈钢柜收纳，柜面用帆布面料，边上加魔术贴，确保其密封性，避免在户外草地有异物爬入。不锈钢的材料柜分别放置在区域的各处，靠围墙边放置，方便幼儿就近取放材料。

材料棚　　　　　　　　　收纳柜

（二）投放材料清单

1. 游戏材料

户外材料投放明细——游戏材料

区域	类别	材料名称	材料明细	投放数量	备注
索道、爬网、小山坡、沟壑	游戏材料	竹梯	竹梯	4把	
		双梯	二级、三级、四级、五级	7把	
		单梯	二级、三级、四级	20把	
		长板	60 cm、100 cm、140 cm、200 cm	52块	
		游戏垫	100 cm × 5 010 cm	27张	
		木箱	边长60 cm、80 cm、100 cm	4个	

附图

竹梯　　　　　双梯　　　　　单梯

长板　　　　　游戏垫　　　　木箱

2. 辅助材料类

户外材料投放明细——辅助类材料

区域	类别	材料名称	材料明细	投放数量	备注
索道、爬网、小山坡、沟壑	辅助材料类	轮胎	蓝色、红色、黄色、绿色、紫色等	11个	按需收集
		篮球	儿童篮球	10个	
		抛接球	抛接球	6个	
		塑料瓶	洗衣液罐、矿泉水瓶、茶壶等	若干	
		铁罐	牛奶罐、铁饼干盒、月饼盒、茶叶罐等	若干	
		餐具	菜碟、骨碟、碗、勺子等	若干	
		厨具	电饭锅、平底锅、汤锅、汤勺、饭勺、茶壶等	若干	
		沥水篮	绿色、蓝色、红色、白色	4个	
		滑草车	粉色、绿色、蓝色	4辆	
		PVC水管	剖开的长度为60 cm、100 cm的PVC水管	20根	
		牛筋大水盆	牛筋大水盆	1个	
		线轴	小号、中号、大号	30个	

附图

轮胎 　　　　　篮球 　　　　　抛接球

塑料瓶  　　　　铁罐 　　　　　厨具

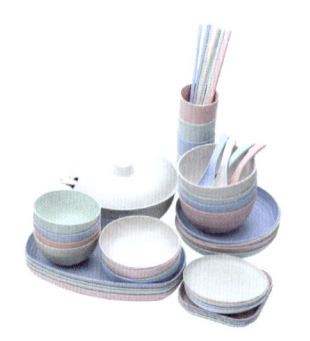

餐具 　　　　　沥水篮 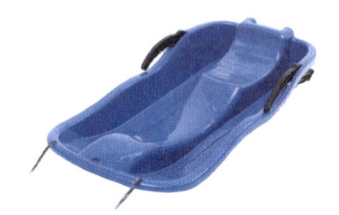　　　　滑草车

PVC水管 　　　牛筋大水盆 　　线轴

3. 本土材料

户外材料投放明细——本土材料

区域	类别	材料名称	材料明细	投放数量	备注
索道、爬网、小山坡、沟壑	本土材料	稻草干	稻草干	若干	按需收集
		鹅卵石	大小不同的鹅卵石	若干	
		竹筒	半开竹筒	10个	
		树桩	直径10 cm～25 cm	若干	
		砖块	砖块	20块	

附图（部分）

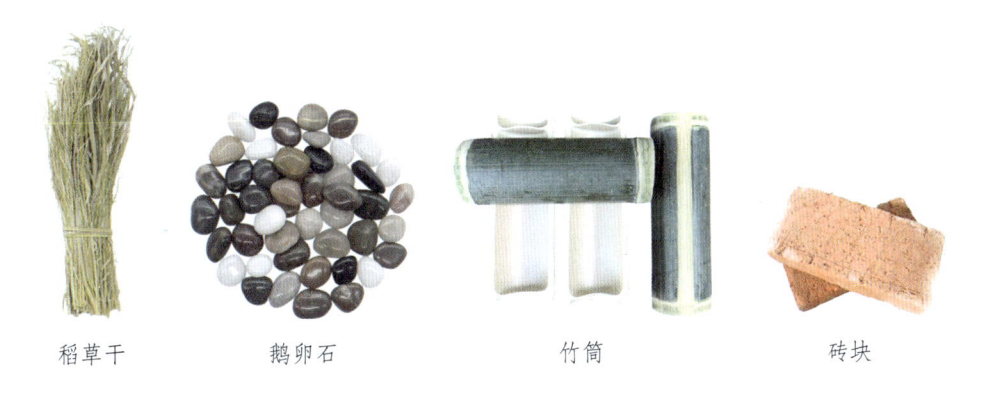

稻草干	鹅卵石	竹筒	砖块

4. 收纳材料

户外材料投放明细——收纳材料

区域	类别	材料名称	材料明细	投放数量	备注
索道、爬网、小山坡、沟壑	收纳材料	材料棚	材料棚	1个	
		收纳柜	不锈钢收纳柜	3个	
		收纳筐	塑料收纳筐	10个	

滚筒区

一、环境

滚筒区设置在塑胶场地，占地250平方米，与综合活动区共用场地。塑胶场地能让滚筒平稳滚动，且地面柔软，能够起到保护幼儿的作用。

滚筒区场地

二、材料

滚筒区的材料有不同规格的滚筒、软垫,以及一些辅助材料。

(一)材料的收纳与整理

按照就近取放的原则,将滚筒放置在操场的边上,按大小分类摆放。不用的时候用帆布盖上,避免日晒雨淋加速材料老化。

滚筒区收纳与整理

(二)投放材料的清单

1. 滚筒材料

户外区域材料投放明细——滚筒材料

区域	类别	材料名称	材料明细	投放数量
滚筒区	滚筒材料	滚筒1	直径630 mm、长600 mm	4个
		滚筒2	直径560 mm、长600 mm	4个

续表

区域	类别	材料名称	材料明细	投放数量
滚筒区	滚筒材料	滚筒3	直径560 mm、长900 mm	4个
		滚筒4	直径630 mm、长900 mm	4个

附图

滚筒1

滚筒2

滚筒3

滚筒4

2. 辅助材料

户外区域材料投放明细——辅助材料

区域	类别	材料名称	材料明细	投放数量
滚筒区	辅助材料	垫子	大、小不同规格	50个
		皮球	皮球	40个
		呼啦圈	大、小呼啦圈	40个
		轮胎	大、小轮胎	20个
		梯子	不同规格的梯子	20把
		长板	各尺寸长板	20块

附图

| 垫子 | 皮球 | 呼啦圈 |

| 轮胎 | 梯子 | 长板 |

玩泥区

一、环境

（一）场地介绍

幼儿园玩泥区总面积188平方米，分为干泥区、湿泥区、桌面操作区、作品展示区四个区域，玩泥池周边的地面砌砖，方便清洗；陶泥制作区域的地面是草地铺沙，起到疏水、防滑的作用；其余的地面是草地，整个区域都显示出自然生态的优美。

| 玩泥区 | 玩泥区活动场景 |

陶泥制作区　　　　　　　　　　桌面操作区活动场景

作品展示区

(二) 配套设施

1. 盥洗

玩泥区邻近水源，方便幼儿在游戏时的用水需求，也方便幼儿在游戏后的盥洗。因此，玩泥区附近设置了一处较大的盥洗点，设置了12个落地水龙头，下面铺设防滑瓷砖，在保证安全的同时可以满足多名幼儿的盥洗需求。

盥洗设施

2. 遮阳

在桌面操作区设置了遮阳棚，防晒且通风性强。

遮阳棚

3. 玩泥桌

在桌面操作区放置坚固耐用的大桌子作为操作台，配上木墩等，方便幼儿进行操作。

玩泥桌

4. 玩泥区装备

幼儿园为幼儿准备适合玩泥的防水游戏服，可以让幼儿在游戏中自由地探索，不用担心弄湿衣物，也便于清洗。

连体雨衣 　　　　　　　　围裙、袖套

二、材料

（一）材料的整理与收纳

玩泥区旁边放置了不锈钢收纳柜，柜面用帆布面料，面料边上加魔术贴，不用的时候贴紧柜边。材料要做好标识并分类摆放，方便幼儿拿取收放。

收纳柜1 　　　　　　　　收纳柜2

收纳柜3

（二）投放材料的清单

1. 工具类

户外区域材料投放明细——工具类

区域	类别	材料名称	材料明细	投放数量
玩泥区	工具类	铲子	铲子	20把

附图

铲子

2. 装备类

户外区域材料投放明细——装备类

区域	类别	材料名称	材料明细	投放数量
玩泥区	装备类	连体雨衣	连体雨衣	20件
		围裙	围裙	40条
		袖套	袖套	40副

3. 盥洗类

户外区域材料投放明细——盥洗类

区域	类别	材料名称	材料明细	投放数量
玩泥区	盥洗类	刷子	刷子	20把
		水管	水管	10根

附图

刷子 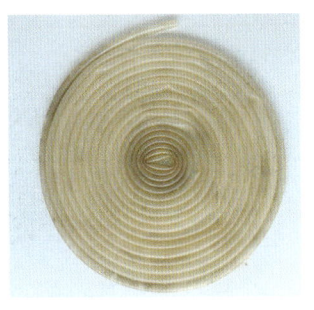　　　　　　　　　　　水管

4. 辅助材料

户外区域材料投放明细——辅助材料

区域	类别	材料名称	材料明细	投放数量
玩泥区	辅助材料	锅碗瓢盆	电饭锅、锅、盆、碟	若干

附图

电饭锅 　　　　　　　　锅 　　　　　　　　盆、碟子

5. 本土材料

户外区域材料投放明细——本土材料

区域	类别	材料名称	材料明细	投放数量
玩泥区	本土材料	松果	松果	50个
		竹筒	竹筒	20个
		陶瓷盆	陶瓷盆	2个
		稻草	稻草	若干
		泥	陶泥、田泥	若干
		枯树枝	枯树枝	若干

附图（部分）

松果

竹筒

陶瓷盆

稻草

玩木坊

一、环境

（一）场地介绍

玩木坊占地约140平方米，场地内为幼儿提供的材料有木头、锯子、锤子、钉子、颜料等，防护工具有安全帽、护目镜、手套、围裙、袖套等。在玩木坊游戏时的注意事项有：①幼儿在使用材料前要穿戴防护装备；②幼儿在使用锯子、锤子、钉子等材料时，需要特别的专注，不能拿着材料追逐打闹；③幼儿在游戏时，班级教师需要三角站位，时刻关注幼儿游戏时的情况。

玩木坊

（二）配套设施

1. 盥洗

在玩木坊旁边设置了一处盥洗点，位置靠近一楼洗手间。

盥洗设施

2. 遮阳

玩木坊设置在幼儿园一楼大堂旁，那里有棚子的遮挡，既能遮阳又能挡雨，通风性好。

3. 游戏装备

在玩锤子、钉钉子的过程中，需要为幼儿配备安全帽、手套、护目镜，保证幼儿的安全尤为重要。围裙、袖套等装备能保持幼儿的衣物整洁。

幼儿运用游戏装备操作

4. 操作设施

玩木坊需要提供适量的操作台，坚固耐用的木桌即可。操作台四周放置木墩、木凳，也可以准备适量的可叠放的椅子供幼儿使用。

二、材料

玩木坊的材料丰富，有设施类、工具类、装备类、辅助类，以及低结构的木条木块等本土材料等。

（一）材料的收纳与整理

因为玩木坊设置在公共区域，且玩木坊的工具有一定的危险性，所以平常不用工具的时候需要放进带锁的柜子，由专人保管钥匙。因此工具类的收纳柜需要两种，幼儿游戏前教师把工具从有锁的柜子取出，放置在幼儿拿得到的柜子，并放在固定的位置，游戏结束时再放回带锁的柜子里锁起来。

幼儿游戏前使用的工具收纳柜

· 50 ·

（二）投放材料的清单

1. 设施类

户外区域材料投放明细——设施类

区域	类别	材料名称	材料明细	投放数量
玩木坊	设施类	材料柜	材料柜	3个
		带锁柜子	带锁柜子	1个
		桌子	桌子	7张
		椅子	塑料椅、木凳	20张
		收纳筐	塑料筐、木箱	8个
		围裙架	围裙架	2个
		展示架	展示架	2个

附图

玩木坊设施

2. 工具类

户外区域材料投放明细——工具类

区域	类别	材料名称	材料明细	投放数量
玩木坊	工具类	三角尺	三角尺	4把
		量角器	量角器	2把
		短锯	短锯	5把
		铁锤	铁锤	10把
		长锯	长锯	5把
		螺丝刀	螺丝刀	10把
		卷尺	5 m卷尺	5个

续表

区域	类别	材料名称	材料明细	投放数量
玩木坊	工具类	螺丝钉	螺丝钉	100根
		刷子	小、中、大	10把
		剪刀	儿童安全剪刀	20把
		工字钉	工字钉	100个
		铁钉	铁钉	100根
		钳子	钳子	20把
		木夹子	木夹子	50个

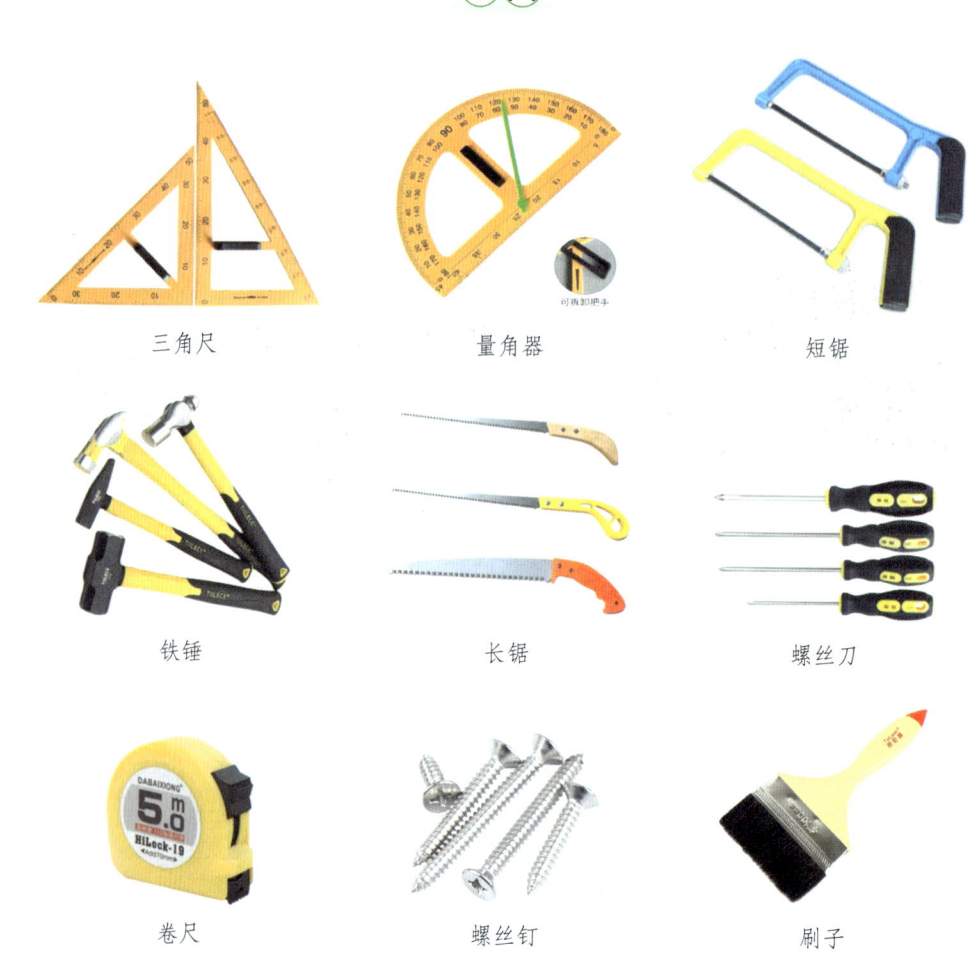

附图

三角尺　　　　　量角器　　　　　短锯

铁锤　　　　　长锯　　　　　螺丝刀

卷尺　　　　　螺丝钉　　　　　刷子

上篇　游戏环境创设

剪刀 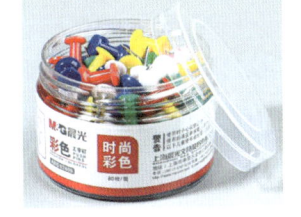　　　　　工字钉 　　　　　铁钉

钳子 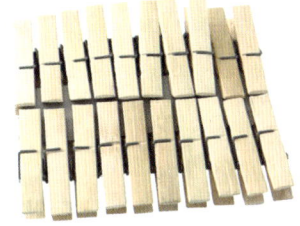　　　　　木夹子

3. 装备类

户外区域材料投放明细——装备类

区域	类别	材料名称	材料明细	投放数量
玩木坊	装备类	护目镜	护目镜	40副
		安全帽	安全帽	40个
		围裙	防护围裙	40条
		袖套	防护袖套	40副
		手套	棉质手套	40副

附图

护目镜 　　　安全帽 　　　围裙 　　　袖套 　　　手套

4. 辅助材料及本土材料

户外区域材料投放明细——辅助材料及本土材料

区域	类别	材料名称	材料明细	投放数量
玩木坊	辅助材料	颜料	柠檬黄、土黄、朱红、大红、紫色、淡绿、翠绿、湖蓝、普兰、褐石、白色、黑色颜料	12瓶
		排笔	小号、中号、大号	20根
		水彩笔	水彩笔	50根
		粉笔	粉笔	50根
		颜料碟	颜料碟	20个
	本土材料	长木条	长木条	若干
		木块	大、小木块	40块
		短木条	短木条	若干
		木头	大、小木头	若干
		竹片	竹片	若干
		竹筒	竹筒	20个
		松果	松果	若干
		竹棍	竹棍	20根
		树枝	树枝	若干
		鹅卵石	鹅卵石	50块

附图

颜料（部分）    排笔    水彩笔

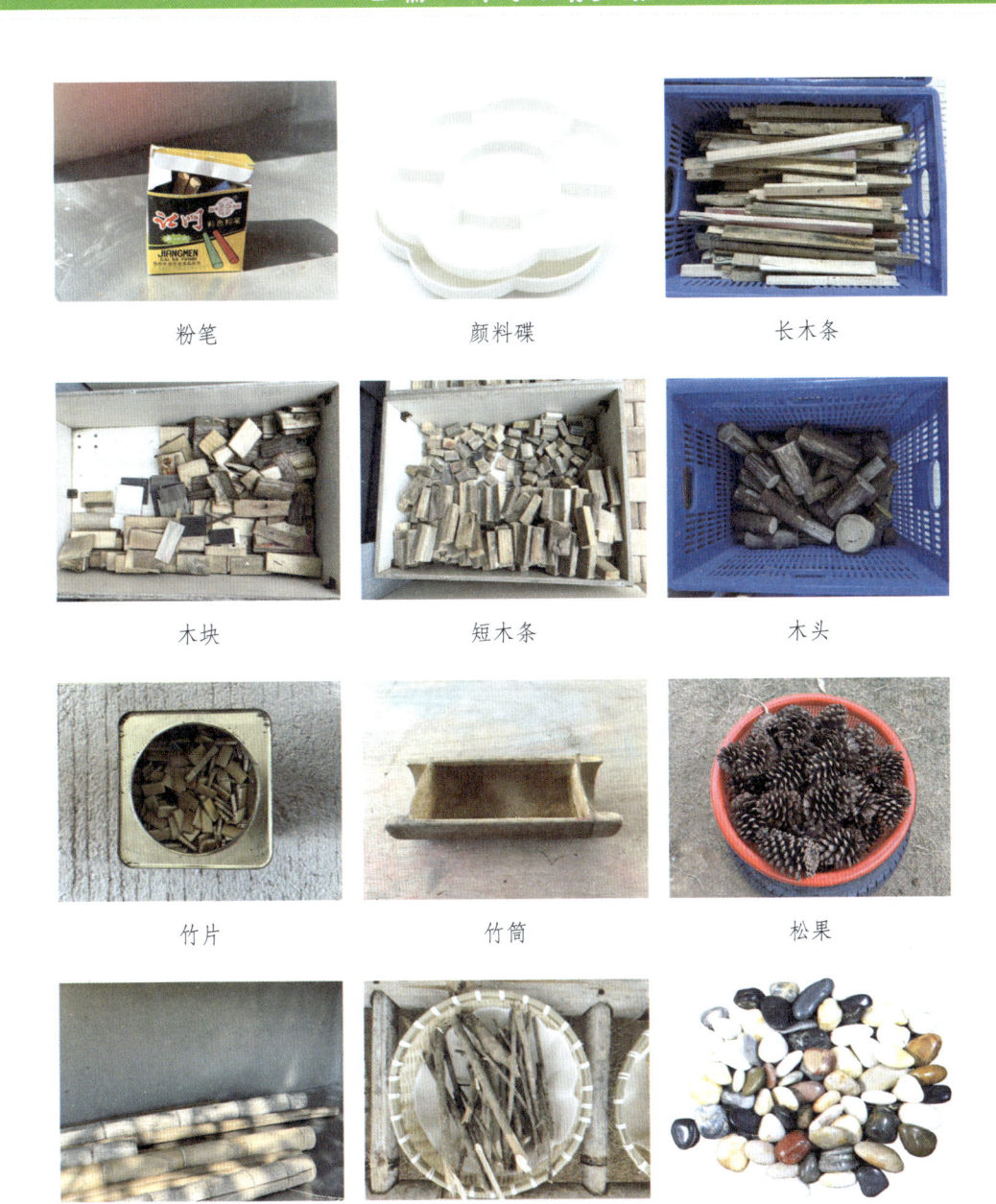

粉笔	颜料碟	长木条
木块	短木条	木头
竹片	竹筒	松果
竹棍	树枝	鹅卵石

小树林

一、环境

（一）场地介绍

幼儿园充分利用角落位置设置了2个小树林场地，能容纳3个班的幼儿同时游戏。小树林1占地约644平方米，小树林2占地约218平方米。场地都是以草坪为主，种植的树木多为当地的果树，如鹰嘴桃、水晶梨、李果等，小树林1还种植了一片竹子。这两个区域投放的材料主要是美术类材料、本土材料，以及收集的废旧物品，让幼儿有多种选择，可以在自然野趣的场地上尽情游戏。

小树林1

小树林2

（二）配套设施

1. 盥洗

在每个小树林旁边设置一处盥洗点，安装宽大的洗手槽，方便幼儿清洗大件的物品，还专门安装了洗脚的水龙头。小树林旁边就是教室，方便幼儿就近如厕。

2. 防晒

小树林的果树能够起到遮阳效果，另外还安装了两个遮阳棚，既能遮阳也能挡雨，通风性好。

二、材料

小树林投放的材料主要有美术类材料、自然的本土材料和废旧材料。其中除了美术材料需要购买，其余的大多数材料都是家长和老师共同收集的。

（一）材料的收纳与整理

要准备足够的收纳柜，因为收纳柜是长期放在室外，美术类物品和工具类物品收纳柜建议要用密封的不锈钢材质，耐用并能防止异物爬入，柜面用帆布面料，面料边上加魔术贴，不用的时候贴紧柜边，确保其密封性；自然类物品如木块、松果等可以用编织篮以及收纳筐放置在遮阳棚里，鹅卵石之类的耐腐蚀材料可以直接堆放在树脚下或草地边，让幼儿随时取用。

（二）投放材料清单

1. 收纳材料

户外材料投放明细——收纳材料

区域	类别	材料名称	材料明细	投放数量
小树林	收纳材料	材料柜	材料柜	5个
		收纳筐	大、中塑料筐，竹编筐	20个
		纸盒	纸盒	15个
		编织篮	编织篮	10个

附图（部分）

| 材料柜 | 收纳筐 | 编织篮 |

2. 工具类

户外材料投放明细——工具类

区域	类别	材料名称	材料明细	投放数量
小树林	工具类	刷子	刷子	10把
		桶	桶	2个
		水瓢	水瓢	5个

续 表

区域	类别	材料名称	材料明细	投放数量
小树林	工具类	篮子	篮子	5个
		盆	盆	5个

附图

刷子 　　　　　　　　桶 　　　　　　　　水瓢

篮子　　　　　　　　盆

3. 美术类

户外材料投放明细——美术类

区域	类别	材料名称	材料明细	投放数量
小树林	美术类	水粉颜料	各种颜色的水粉颜料	12瓶
		粉笔	粉笔	40根
		黏土	各种颜色的黏土	20袋
		吸管	吸管	100根
		调色盘	调色盘	25个
		画笔	排笔	40支
		塑料瓶	塑料瓶	20个
		毛棍	毛棍	50根
		海绵	海绵	10块
		贝壳	贝壳	若干
		水彩笔	水彩笔	20支

附图

水粉颜料	粉笔	黏土
吸管	调色盘	画笔
塑料瓶	毛棍	海绵
贝壳	水彩笔	

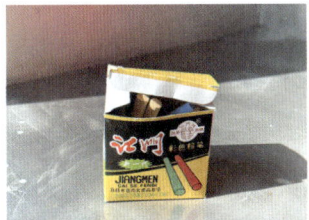

4. 辅助材料及本土材料

户外材料投放明细——辅助材料及本土材料

区域	类别	材料名称	材料明细	投放数量
小树林	辅助材料	轮胎	塑料轮胎、橡胶轮胎	30个
		椅子	塑料音乐凳、木椅子	20张

续 表

区域	类别	材料名称	材料明细	投放数量
小树林	辅助材料	桌子	木桌子	3张
		滚筒	大、小滚筒	2个
		跳跳球	跳跳球	10个
	本土材料	瓦罐	各种形状瓦罐	15个
		鹅卵石	大小不等的鹅卵石	40块
		木块	规格不等的木块	35块
		瓦片	瓦片	40片
		松果	松果	50个
		树枝	树枝	若干
		稻草	稻草	若干
		竹筒	竹筒	20个
		厨房用具	锅碗瓢盆	若干
		木头	木头	若干
		瓶、罐	奶粉罐、颜料瓶等	若干
		竹棍	长、短竹棍	若干

附图（部分）

桌子	滚筒	跳跳球

瓦罐	鹅卵石	瓦片

| 松果 | 稻草 | 竹筒 |
| 厨房用具 | 瓶、罐 | 竹棍 |

第三章　室内游戏环境创设

工具类

一、环境

（一）场地介绍

幼儿园美术类材料和工具类辅助材料包括纸、笔、剪刀、胶布、尺子等，一般应用于室内活动，为方便幼儿就近取放，教师将它们放在美工操作材料的旁边。同时，以安全为前提，要选择适合幼儿手部的操作材料，应避免锋利的工具，尽量挑选质量好、安全性高、易于操作的产品。

工具类材料

（二）配套设施

1. 收纳柜

材料柜的外形在高度、宽窄、大小等方面都应符合幼儿的年龄和生理特点，可选择各种不同的款式，高度不超过120厘米，双面开放，便于幼儿取放和使用物品。教师选用的柜子有四层二十格玩具柜、三层无背板玩具柜、三层玩具柜、三层八格玩具柜。柜子底部安装了带锁定的万向轮，随时可以推动或固定，方便幼儿在室内活动时灵活使用。

收纳工具的柜子

2. 收纳盒

收纳盒一般选用透明的置物篮，中间有分隔片可以根据工具类材料的大小灵活调节收纳盒的间隔，便于幼儿取放、分类、收纳与整理。教师准备了一格透明盒4～6个，两格透明塑料盒10～15个，三格透明塑料盒10～15个，用牛奶盒做的收纳盒根据实际需要来收集。

两格透明塑料盒 　　　　　　一格透明塑料盒

二、材料

（一）材料的整理与收纳

操作材料的种类比较多，工具类、绘画类、辅助类等材料用收纳盒分类装好放进玩具柜里，所有的材料均贴上图片标识，便于幼儿取放和整理。

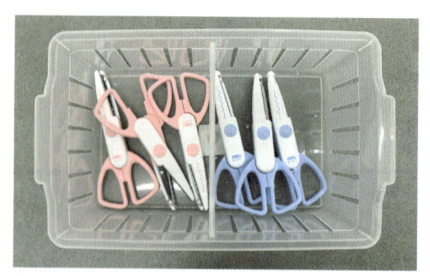

剪刀收纳盒 　　　　　　　　　　胶带收纳盒

木质收纳盒 　　　　　　　　　　两格收纳盒

藤编篮 　　　　　　　　　　　　纸箱

（二）材料投放清单

1. 工具材料

室内材料投放明细——工具材料

区域	类别	材料名称	材料明细	投放数量
室内	工具材料	泥工板	泥工板	30张
		调色盘	调色盘	6个
		安全剪刀	左手剪刀、右手剪刀	15把
		花边剪刀	锯齿形剪刀、波浪形剪刀	6把
		压花机	花朵、雪花、蝴蝶、枫叶	6个
		固体胶	10 g蓝色固体胶	6支
		白胶	40 ml蓝色固体胶	6瓶

续表

区域	类别	材料名称	材料明细	投放数量
室内	工具材料	直尺	20 cm	4把
		彩色纸胶带	黄色、红色、绿色、蓝色、黑色、白色胶带	12卷
		透明胶	透明胶	5卷
		双面胶	双面胶	10卷
		塑料夹	塑料夹	1套

附图

泥工板 　　　　　　　调色盘 　　　　　　　安全剪刀

花边剪刀 　　　　　　压花机 　　　　　　　固体胶

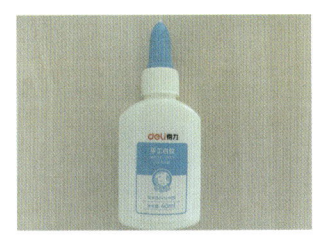

白胶 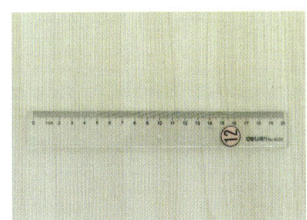　　　　　　　　直尺 　　　　　　　　彩色纸胶带

透明胶 　　　　　　　双面胶 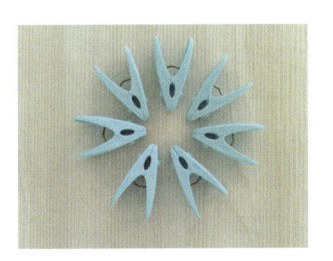　　　　　　　塑料夹

2. 线布纸泥材料

室内材料投放明细——线布纸泥材料

区域	类别	材料名称	材料明细	投放数量
室内	线布纸泥材料	彩色卡纸	各种颜色卡纸	100张
		手揉纸	各种颜色手揉纸	50张
		手工纸	各种颜色手工纸	10包
		海绵纸	彩色海绵纸	10张
		瓦楞纸	瓦楞纸	10张
		不织布	不织布	10张
		皱纹纸	皱纹纸	10条
		白纸	双胶白纸	500张
		超轻黏土	超轻黏土	1套
		玉米粒	魔法玉米粒	500粒
		保丽龙球	保丽龙球	50个
		纸杯	彩色纸杯	50个
		毛球	彩色毛球	300个
		木夹	彩色木夹、原色木夹	70个
		麻绳	麻绳	1卷
		纸丝	纸丝	5袋
		雪糕棒	雪糕棒	50根
		压舌板	压舌板	100根
		火柴棒	火柴棒	100根
		吸管	吸管	100根
		布料	麻布料、布料、织棉	各1卷
		拉菲纸绳	拉菲纸绳	5根
		毛棍	毛棍	100根
		毛线	多种颜色的毛线	每种颜色一捆
		纸巾筒	纸巾筒	20个
		泡泡膜	泡泡膜	1卷
		泡沫网	泡沫网	20个
		泡沫块	泡沫块	8块

附图

彩色卡纸	手揉纸	手工纸
海绵纸	瓦楞纸	不织布
皱纹纸	白纸	超轻黏土
玉米粒	保丽龙球	纸杯
毛球	木夹	麻绳

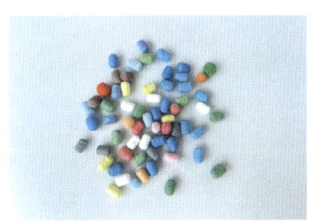

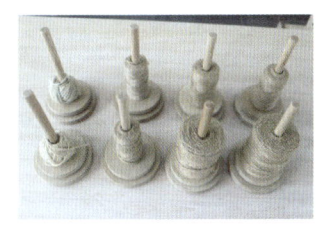

纸丝 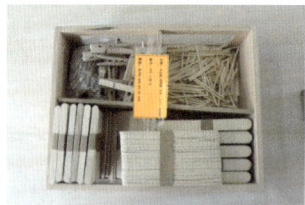　　　　　雪糕棒、压舌板、火柴棒 　　　　　吸管

布料 　　　　　拉菲纸绳 　　　　　毛棍

毛线 　　　　　纸巾筒 　　　　　泡泡膜

泡沫网 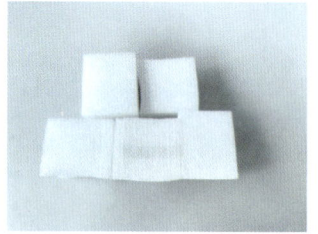　　　　　泡沫块

3. 文具类材料

室内材料投放明细——文具类材料

区域	类别	材料名称	材料明细	投放数量
室内	文具类材料	圆头水彩笔	12色/套	2套
		蜡笔	6色/套	2套
		油画棒	12色/套	6套
		马克笔	马克笔	1套

续表

区域	类别	材料名称	材料明细	投放数量
室内	文具类材料	黑色记号笔	黑色记号笔	10支
		排笔	排笔	2套
		水粉画颜料	水粉画颜料	12盒
		印章	印章	4个
		滚轮	滚轮	2个
		棉签	棉签	200支

附图（部分）

圆头水彩笔 　　　　蜡笔 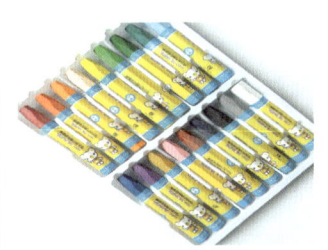　　　　油画棒

马克笔 　　　　黑色记号笔 　　　　排笔

印章 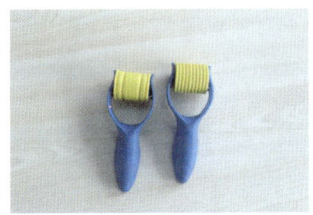　　　　滚轮 　　　　棉签

益智类

一、环境

（一）场地介绍

益智类材料是幼儿喜欢操作的材料，一般应用于室内活动，放置的地方没有特殊要求，每套材料都是独立存放的，柜子的高度和宽度能够和收纳盒匹配就可以了。

益智类材料放置环境

（二）配套设施

1. 收纳柜

摆放益智类玩具的柜子应当是开放式的，材料是按类别有序摆放在柜子里，让幼儿能够很容易地看到材料。柜子有三层无背板玩具柜、三层玩具柜、两层玩具柜。柜子底部安装了万向轮，随时可以推动或固定，方便幼儿在室内活动时灵活使用。

益智类材料收纳柜

2. 收纳盒

收纳益智类材料主要使用木制收纳盒、带盖的塑料盒，以及原装配套的纸盒子。

益智玩具收纳盒

二、材料

（一）材料的整理与收纳

幼儿园可以根据班级实际情况进行选择性投放。益智类材料一般按照类型分类收纳，可用篮子、纸盒等进行收纳整理，收纳的柜子和托盘或材料篮也需贴上对应的图片标签，以便幼儿对应取放玩具，也利于幼儿养成收纳的良好习惯。

材料用塑料收纳盒分类摆放

（二）材料投放清单

幼儿园可以根据班级实际情况、幼儿兴趣等适当投放。

1. 数形材料类

室内材料投放明细——数形类材料

区域	类别	材料名称	材料明细	投放数量
室内	数形材料	数数宝盒1	指示卡	24张
			计数盒	2个
			筹码	43片
			动物木块	40块
		1、2、3我来数	压层游戏板	4块
			筹码	96片
			骰子	2个
		分合瓢虫	身体木片	12块
			翅膀木片	48块
			骰子	1个
			摸袋	1个
		填数玩具	长方形木质数字片	12个
		数字对对碰	木质拼片	18个
		数字回家	木质底盘	1个
			木条	29根
		多彩数字	正方形木质底盘	1个
			圆角矩形木片	33块
		数数宝盒3	数数宝盒	2个
			范例卡	24张
			塑料圆片	130片
			小图卡	42张
		松鼠大战	正方形圆角木片	12块
			骰子	1个
			游戏垫	1张
		计数立方	范例卡	32张
			游戏块	120张

附图（部分）

数数宝盒1

1、2、3我来数

分合瓢虫

填数玩具

2. 智力材料类

室内材料投放明细——益智类材料

区域	类别	材料名称	材料明细	投放数量
室内	益智材料	萝卜长城	木质萝卜	12个
			木质萝卜底座	8个
		形状对对碰	木块	24块
			卡片	24张
			布袋	1个
		方位游戏1	积木	10块
			范例卡	18张
			游戏底板	2块
			范例卡立插	6个
		动物拼图	木质动物底板	4块
			木质动物组件	24个
			范例卡	4张
		大串珠	串珠棒	2根
			串珠顶盖	2个

续表

区域	类别	材料名称	材料明细	投放数量
室内	益智材料	大串珠	大串珠	32个
			范例卡	24张
		对称蝴蝶1	木制游戏底盘	2个
			木制翅膀部件	40个
			范例卡	5张
		镜面拼板1	木质游戏底盘	1个
			亚格力板	2块
			木质几何片	12个
			范例卡	30张
		方位游戏2	范例卡	18张
			28块彩色积木	28块
			游戏底板	2张
			立插	6个
		镜面拼板2	游戏底板	1个
			亚格力板	2个
			木质几何片	24块
			范例卡	33张
		中国传统纹样转盘	正方形外框	1个
			圆形转盘组件	39个
			知识卡	2张
			范例卡	6张
		花样拼板1	正方形底盘	1个
			正方形木板	36块
			范例卡	20张
		魔力三角片	三角形拼片	64块
			正方形底盘	1个
			范例卡	34张
		方块组合	正方形外框	1个
			方块组件	27块
			范例卡	40张
		对称蝴蝶2	游戏底盘	1个
			翅膀部件	40个
			范例卡	5张

续表

区域	类别	材料名称	材料明细	投放数量
室内	益智材料	东南亚纹样转盘	正方形外框	1个
			圆形转盘组件	39个
			知识卡	3张
			范例卡	6张
		窗格拼板	正方形带凹槽底盘	1个
			正方形木板	18块
			范例卡	10张
		小刺猬采红果	木质凹槽底板	1个
			木质中空双层拼板	9个
			木质矩形拼板	8个
			木质平底小球	9个
			范例卡	8张
		数字纵横格	塑料网格	2个
			游戏卡	18张
			纸板筹码	96张
			存储筹码的塑料袋	6个
		真假孙悟空	木质带凹槽底板	2块
			亚格力板	2块
			孙悟空卡片	45张
		指环国王	木质圆环	60个
			范例卡	60张
		颜色拼板	原色木质带凹槽底盘	4个
			骰子	2个
			矩形拼板	104片
		动物找相同	双面卡片	6张
			多米诺骨牌	48张
		菱形组合	菱形小木块	96块
			范例卡	48张
		相邻数拼图	木质拼片	10片
		磁力拼板	磁力拼片	40片
			双面范例卡	12张
		一样不一样	底板	8块
			物品图案卡片	32张

附图（部分）

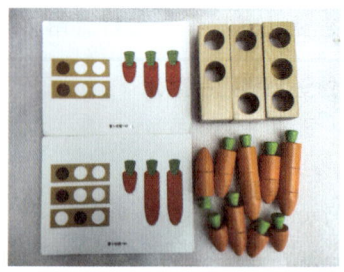

萝卜长城

方位游戏1

大串珠

镜面拼板1

镜面拼板2

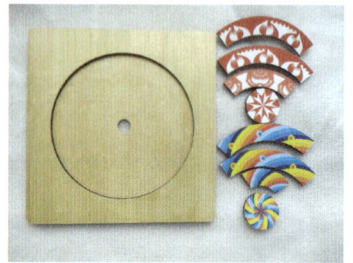

中国传统纹样转盘

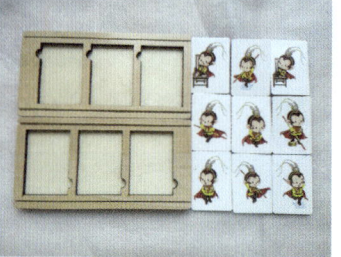

方块组合

真假孙悟空

3. 棋类

室内材料投放明细——棋类

区域	类别	材料名称	材料明细	投放数量
室内	棋类	生日快乐	游戏底板	1个
			蛋糕盘	4个
			圆木片	80块
			角色木块	4个
		交通游戏	棋盘	1张
			黄色小人	1个
			绿色小人	1个
			红色小车	1辆
			蓝色小车	1辆
			指令骰子	1个
			点数骰子	1个
			灯卡	12张
			规则贴纸	1张
		饼干大战	木质饼干棋子	16个
			游戏底板	1块
		三色六角星	圆角长方形底板	1块
			木质填充组件	30个
		钓鱼游戏	湖泊游戏板	1块
			收集鱼族的鱼缸	4个
			怪物嘴巴的红色卡片	1张
			磁性钓竿	1个
			40个游戏片	16片
			布袋	1只
		斗兽棋	斗兽棋	1盒
		飞行棋	飞行棋	1盒
		跳棋	跳棋	1盒
		象棋	象棋	1盒

附图（部分）

生日快乐

交通游戏

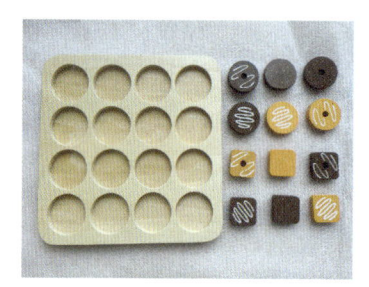

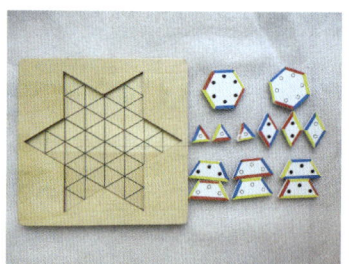

饼干大战

三色六角星

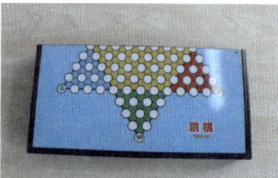

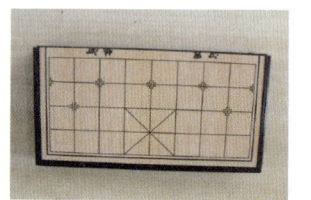

飞行棋

跳棋

象棋

4. 其他类

区域	类别	材料名称	材料明细	投放数量
室内	测量玩具	彩条接龙	操作卡	24张
			金属板	2块
			磁力条	100条
	牌类	接龙牌	纸质卡片	40张
		配对卡	纸质卡片	18张

附图（部分）

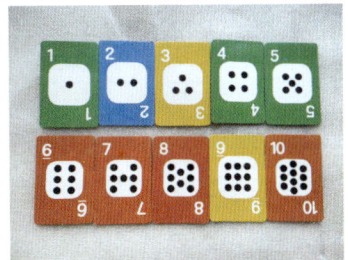

彩条接龙　　　　　　接龙牌

图书类

一、环境

（一）场地介绍

阅读场地应设置在一个相对比较独立、安静的角落里，避免不必要的打扰，绘本放置在幼儿容易拿放的书架上，并贴上显眼的标签，方便幼儿收纳，阅读场地内可摆放地垫、沙发等，在周围墙面、走廊等地方可张贴绘本作品供幼儿欣赏和创编，为幼儿提供阅读、欣赏、展示的平台。

阅读场地

（二）配套设施

图书类的配套设施有图书架、图书柜、小沙发或者地垫。区域内一般设置图书展示架2~3个，高度不要超过120厘米，便于幼儿取放图书；书架贴有分类标签，便于幼儿收纳。

图书材料类的配套设施

二、材料

（一）材料的整理与收纳

阅读角的图书和绘本，一般用一些常见的置物架收纳。绘本按照大、中、小的顺序摆放，方便幼儿阅读和归纳整理，将图书按不同种类、不同主题贴上标签进行分类，以便幼儿更快速查找。

阅读角

（二）材料投放清单

1. 小班图书清单

室内材料投放明细——小班图书清单（部分）

区域	类别	图书名称	适用年龄	投放数量（本）
室内	图书	莉莉的宝贝	3~4岁	5
		两颗花籽找新家	3~5岁	5
		两千年前的冰箱——青铜冰鉴	3~6岁	5
		漏	3~6岁	5

续 表

区域	类别	图书名称	适用年龄	投放数量（本）
室内	图书	萝卜回来了	3~6岁	5
		妈妈，加油！	3~6岁	5
		妈妈不在家	2~6岁	5
		妈妈的魔法亲亲	3~6岁	5
		谁最厉害？	3~6岁	5
		水哎	3~6岁	5
		母鸡萝丝去散步	0~6岁	5
		娜娜打扫房间	3~6岁	5
		娜娜拉便便	0~6岁	5
		水与墨的故事	3~6岁	5
		你好！小镇	3~6岁	5
		妞妞的幸福一天	3~6岁	5
		女娲补天	3~6岁	5
		爬树	3~6岁	5
		蓬蓬头溜冰的故事	3~6岁	5
		蒲公英就是蒲公英	3~4岁	5
		其实我是一条鱼	3~6岁	5
		奇妙的书	3~6岁	5
		石榴的钻石王冠	3~6岁	5
		睡睡镇	3~6岁	5
		如何让大象从秋千上下来	3~6岁	5
		软软的黏黏的	3~6岁	5
		三岔口	3~6岁	5
		三个和尚：珍藏版	3~6岁	5
		神猫和老鼠	3~6岁	5
		石兽	3~6岁	5
		十二生肖的故事	3~6岁	5
		时间的形状	3~6岁	5
		世界上最棒的礼物	3~4岁	5
		十二生肖谁第一	3~6岁	5
		书里的秘密	3~6岁	5
		谁能战胜野蛮国王	3~6岁	5

2. 中班图书清单

室内材料投放明细——中班图书清单（部分）

区域	类别	图书名称	适用年龄	投放数量（本）
室内	图书	阿兔的小瓷碗	5～7岁	5
		哎呀，好臭！	3～7岁	5
		艾爷爷和屋顶上的熊	3～7岁	5
		爱看书的猫	3～7岁	5
		爱哭的小立甫	3～7岁	5
		安的种子	4～5岁	5
		爸爸，别怕	3～7岁	5
		爸爸呢？小狮子的白天与黑夜	3～7岁	5
		彼此树	3～7岁	5
		别让太阳掉下来	3～7岁	5
		啵	3～7岁	5
		茶壶	5～7岁	5
		池塘	3～7岁	5
		从前有个筋斗云	3～7岁	5
		大山的种子	3～7岁	5
		地上地下的秘密	3～7岁	5
		多多的鲸鱼	3～7岁	5
		番茄的旅行	3～7岁	5
		玛蒂尔达不害怕（全3册）	3～7岁	5
		募捐时间	3～7岁	5
		飞鼠传奇	3～7岁	5
		谷种的故事	3～7岁	5
		果子红了	3～7岁	5
		和风一起散步	3～7岁	5
		黑龙洞	3～7岁	5
		后羿射日	3～7岁	5
		回老家过年	2～10岁	5
		机器人托尼	3～7岁	5
		脚印	3～7岁	5
		九千毫米的旅行	3～7岁	5

续表

区域	类别	图书名称	适用年龄	投放数量（本）
室内	图书	菊花娃娃	3~7岁	5
		空城计	3~7岁	5
		老轮胎	3~7岁	5
		老猫老猫	3~7岁	5
		老人湖	3~7岁	5
		礼物	3~7岁	5
		六只小老鼠	3~7岁	5
		妈妈心·妈妈树	3~7岁	5
		兔子和蜗牛	3~7岁	5
		外婆家的马	3~7岁	5

3. 大班图书清单

室内材料投放明细——大班图书清单（部分）

区域	类别	图书名称	适用年龄	投放数量（本）
室内	图书	爱跳舞的小龙	5~10岁	5
		安仔一定会变好	5~7岁	5
		俺老孙来也	3~7岁	5
		巴赫：没有对手的比赛	3~8岁	5
		爸爸的火车	7~12岁	5
		百鸟朝凤	4~10岁	5
		冰箱历险记	3~6岁	5
		兵马俑的秘密	5~7岁	5
		不痛	3~6岁	5
		不要和青蛙跳绳	3~10岁	5
		蝉之翼	3~8岁	5
		吹糖人	6~12岁	5
		辞旧迎新过大年——春节	3~8岁	5
		大闹天宫	3~9岁	5
		大自然的礼物	3~8岁	5
		当手指跳舞时	3~8岁	5
		腊八粥	3~8岁	5
		老风筝和小风筝去散步	7~12岁	5

续 表

区域	类别	图书名称	适用年龄	投放数量（本）
室内	图书	动物园	7～10岁	5
		飞船升空了	5～7岁	5
		"怪"男孩和他的无字书	3～8岁	5
		更少得更多	4～10岁	5
		归来	6～12岁	5
		汉娜的新衣	3～8岁	5
		黑暗中闪烁的光	3～8岁	5
		花奶奶的花裙子	3～8岁	5
		回家	3～8岁	5
		回乡下	3～8岁	5
		火车火车呜呜叫	3～8岁	5
		火与石头	3～8岁	5
		建天坛	5～7岁	5
		金鸟	6～12岁	5
		金牌邮递员	3～8岁	5
		老风筝和小风筝去散步	5～6岁	5
		姥姥的红烧肉	6～10岁	5
		雷震子的翅膀	6～10岁	5
		小田鱼的好朋友	3～8岁	5
		十二生肖	6～12岁	5
		图书馆里的奇妙事件	4～12岁	5
		小小的船	3～8岁	5

积木、积塑类

一、环境

（一）场地介绍

积木、积塑类玩具的搭建需要比较大的空间，因此把积木、积塑类材料放置区域设计在教室、走廊，给幼儿提供相对宽阔的操作空间。当然，材料的玩法由幼儿决定，他们可以把这些材料拿到自己喜欢的地方玩,还可以玩搭建、拼接以外的游戏。

室内搭建空间 　　　　　　　　　　　走廊搭建空间

（二）配套设施

为了收纳方便,幼儿园为每个班级配备了多种规格的材料柜和收纳盒。

1. 材料柜

柜子可选择各种不同的款式,高度不超过120厘米,便于幼儿取放积木。一般有四层二十格玩具柜、三层无背板玩具柜、三层玩具柜和三层八格玩具柜。

四层二十格玩具柜 　　　　　　　　　三层无背板玩具柜

三层玩具柜 　　　　　　　　　　　　三层八格玩具柜

2. 收纳盒

教师准备了一格收纳盒4~6个、四格收纳盒4~6个、两格收纳盒4~6个、三格透明塑料盒10~15个、两格透明塑料盒10~15个。用牛奶盒做的收纳盒可根据需要进行收集。

一格收纳盒 　　　　　　　　　　六格收纳盒

两格收纳盒 　　　　　　　　　　三格透明塑料盒

两格透明塑料盒 　　　　　　　　牛奶盒做的收纳盒

二、材料

（一）材料的整理与收纳

积木类材料按形状、类别摆放在二十格玩具柜里，积塑类材料按形状、类别、颜色等用收纳盒装好放入玩具柜里，所有的材料均有图片标识，便于幼儿取放和整理。

积木类材料收纳柜 　　　　　　　　积塑类材料收纳

（二）材料投放清单

1. 积木类

室内材料投放明细——积木类

区域	类别	材料名称	材料明细	投放数量
室内	积木类	桌面积木	三棱柱	一套
			圆柱体	
			$\frac{1}{2}$圆柱体	
			正方体	
			$\frac{1}{2}$正方体	
			长方体	
			$\frac{1}{2}$长方体	
			最长长方体	
			圆饼	
			半圆饼	

附图

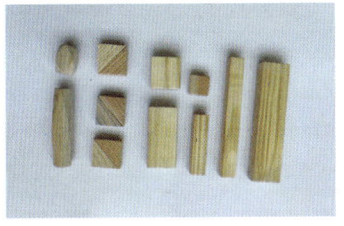

（a）

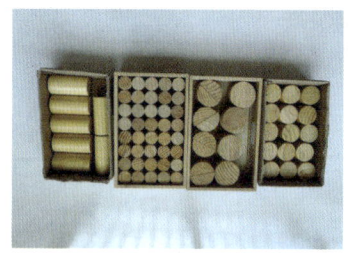

(b)

桌面积木

2. 积塑类

室内材料投放明细——积塑类

区域	类别	材料名称	材料明细	投放数量
室内	积塑类	魔尺	24段	6把
			48段	4把
		彩虹立方体	红色、橙色、黄色、绿色、蓝色、紫色立方体	36块
		梅花积木	红色、橙色、黄色、紫色的梅花积木	240块
		吸吸乐	红色、橙色、黄色、紫色、白色的吸吸乐	64块
		乐高积木	四孔、八孔、方形、长形的乐高积木	一套
		圆形齿轮积木	各种颜色的圆形齿轮积木	120块
		水管积木	各种颜色的水管积木	120块
		雪花片	各种颜色的雪花片	500片

附图

魔尺 　　　　　　　　彩虹立方体

上篇　游戏环境创设

梅花积木 　　　　　　　　　　吸吸乐

乐高积木 　　　　　　　　　　圆形齿轮积木

水管积木 　　　　　　　　　　雪花片

自然类

一、环境

（一）场地介绍

自然类材料具备开放性和多样性的特点，可以激发幼儿在游戏活动中的想象力和创造力。将自然材料运用到游戏中，可以引导幼儿发现美、感受美。此类材料主要是教师、家长和幼儿共同收集的本地材料，有浓厚的本土特色，也是一种低成本的材料。自然类材料一般应用于室内游戏，因此需摆放在教室内相应的收纳柜中，方便幼儿拿取。

回归游戏　幸福童年

自然材料区域

（二）配套设施

1. 收纳柜

自然类的材料形状多样、大小不一，摆放时需使用不同类型的柜子，包括美工柜、两层六格玩具柜、八格玩具柜、三层八格玩具柜等。

美工柜 　　　　　　　　　两层八格玩具柜

两层六格玩具柜无背板 　　　　　三层八格玩具柜

2. 收纳盒

收纳盒应根据物品特征来准备，细小的种子可用透明的瓶子装，也可用多格木质收纳盒收藏，还可以用废旧纸箱做成多格收纳盒进行收纳。

收纳盒

二、材料

(一) 材料的整理与收纳

自然类的材料种类繁多，可以用各种收纳盒分类陈列，也可装在透明塑料瓶内，还可以作为装饰摆放在柜面、角落等。

自然类材料的收纳

(二) 材料投放清单

1. 种子类

室内材料投放明细——种子类

区域	类别	材料名称	材料明细	投放数量
室内	种子类	核桃	核桃	若干
		各类种子	黄豆、葵瓜子、绿豆、黑豆、芸豆、干菊花的种子	6瓶

· 91 ·

续 表

区域	类别	材料名称	材料明细	投放数量
室内	种子类	玉米	玉米	若干
		雪松果	雪松果	若干
		橡果	橡果	若干
		足球果	足球果	若干
		小桔瓜	小桔瓜	若干
		酸枣核	酸枣核	若干
		向日葵	向日葵	若干
		松果	松果	若干
		钟形果	钟形果	若干
		玉兰果	玉兰果	若干
		开口果	开口果	若干
		剑麻	剑麻	若干
		红枣	红枣	若干
		花生米	花生米	若干

附图

核桃

各类种子

玉米

雪松果

上篇　游戏环境创设

橡果 　　　　　　　　　　足球果

小桔瓜 　　　　　　　　　酸枣核

向日葵 　　　　　　　　　松果

钟形果 　　　　　　　　　玉兰果

开口果 　　　　　　　　　剑麻

红枣 　　　　　　　　　　花生米

2. 农作物类

室内材料投放明细——农作物类

区域	类别	材料名称	材料明细	投放数量
室内	农作物类	丝瓜	晾干的丝瓜	若干
		葫芦	晾干的葫芦	若干
		南瓜	南瓜	若干
		土豆	土豆	若干
		大蒜	大蒜	若干
		番薯	番薯	若干
		各种当季新鲜蔬菜	茄子	根据需要收集

丝瓜 　　　　　　　　　　葫芦

南瓜 　　　　　　　　　　土豆

大蒜

番薯

茄子

3. 树木类及其他类

室内材料投放明细——树木类及其他类

区域	类别	材料名称	材料明细	投放数量
室内	树木类及其他类	竹片	大小长短不一	若干
		木棍	粗细形状不一	若干
		树皮	各种各样的树皮	若干
		木块	粗细形状不同的树干裁成片	若干
		树枝	各种形状的树枝	若干
		木屑	木屑	若干
		花枝	花枝晾干	若干
		树叶	各种形状的树叶	若干
		莲蓬	莲蓬	若干
		壳类	干棉花壳等	若干
		小棉花	小棉花	若干
		石头	形状大小不一	若干
		竹枝	各种形状的竹枝	若干
		稻草	各种长度的稻草	若干
		贝壳	贝壳	若干
		海螺壳	海螺壳	若干

附图（部分）

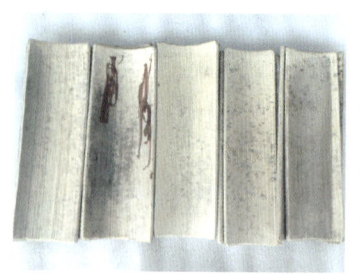

竹片

木棍

树皮 　　　　木屑

木块

花枝　　　　　　　　　　　　　　　　莲蓬

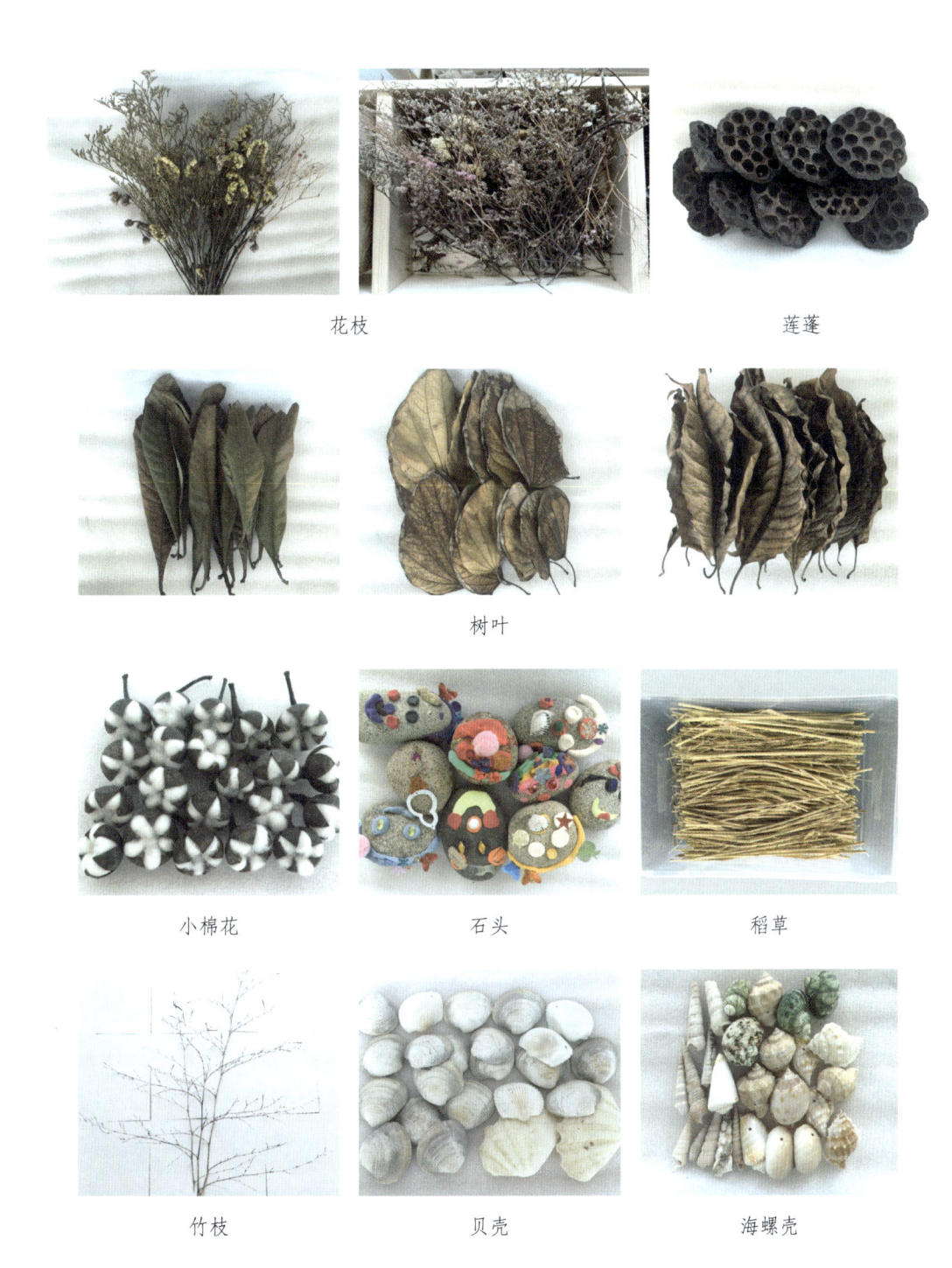

树叶

小棉花　　　　　　　　　石头　　　　　　　　　稻草

竹枝　　　　　　　　　贝壳　　　　　　　　　海螺壳

表演类

一、环境

（一）场地介绍

表演是幼儿表达内心的一种方式，教师应投放丰富的材料让幼儿发挥自己的想象力，充分表达自我。幼儿可以将此类材料用于不同的游戏，且不必局限于表演。表演类材料应尽量靠近榻榻米，或者旁边有宽阔空间的位置放置。

表演场地

（二）配套设施

1. 收纳柜

表演类物品要放在幼儿容易看得见的地方，与其他用于收纳的材料柜不一样，可采用特别一点的玩具柜摆放，如小超市柜、小房子置物柜。

小超市柜 　　　　　　　　　　　　小房子置物柜

2. 收纳盒

收纳可用透明的盒子，如两格透明盒和一格透明盒。有些表演类材料相对较大，也可用各种纸箱做成收纳盒。

两格透明塑料盒 　　　　　　　　　一格透明塑料盒

二、材料

（一）材料的整理与收纳

表演类材料繁多，教师既可购买也可收集一些低结构的生活用品。材料需要分类收纳，每一类物品都要有图片标签，方便幼儿取放。

表演类材料收纳

（二）材料投放清单

1. 道具类

室内材料投放明细——道具类

区域	类别	材料名称	材料明细	投放数量
表演类	道具类	打击乐器	铃鼓	3个
			摇铃	4个
			圆舞板	4个
			沙锤	2个
			单响筒	1个
			碰铃	1对
		道具话筒	话筒	1个
			支架	1个
			控制台	1个

附图

打击乐器 　　　　　道具话筒

2. 手指玩偶

室内材料投放明细——手指玩偶

区域	类别	材料名称	材料明细	投放数量
表演类	手指玩偶	快乐家族	爷爷手指玩偶	1个
			奶奶手指玩偶	1个
			爸爸手指玩偶	1个
			妈妈手指玩偶	1个

续 表

区域	类别	材料名称	材料明细	投放数量
表演类	手指玩偶	快乐家族	男孩手指玩偶	1个
			女孩手指玩偶	1个
		狼来了	放羊娃	1个
			羊	2个
			大灰狼	1个
			村民	3个
			村庄房屋	3个
			放羊娃	1个
		西游记	唐僧手指玩偶	1个
			孙悟空手指玩偶	1个
			猪八戒手指玩偶	1个
			沙和尚手指玩偶	1个
		人物、动物手指玩偶	各种人物、动物玩偶	根据需要收集

附图

快乐家族手指玩偶

狼来了手指玩偶

西游记手指玩偶

动物手指玩偶

3. 表演服饰类

室内材料投放明细——表演服饰类

区域	类别	材料名称	材料明细	投放数量
表演类	表演服饰类	表演服饰	民族服装、草裙服、小丑服装、喜庆服装	各1~2套
		其他辅助材料	废旧头巾、纱巾、手绢、头箍、围裙、帽子等低结构的材料	若干

附图（部分）

表演服饰

室内墙面及幼儿作品

一、室内墙面材质介绍

毛毡墙和软木墙代替了活动室的瓷砖墙裙，墙面也没有多余的装饰。各班充分利用室内外墙面空间，为幼儿的表征作品尽可能提供更多的空间，让每一面墙都物尽其用。活动室内外墙面的原材料主要是毛毡布和软木，墙上可以用工字钉反复固定幼儿表征作品，避免出现用胶水、透明胶、双面胶等粘贴而破坏墙面完整性的情况。公共楼梯间的墙裙由于消毒的要求需选择其他材质。

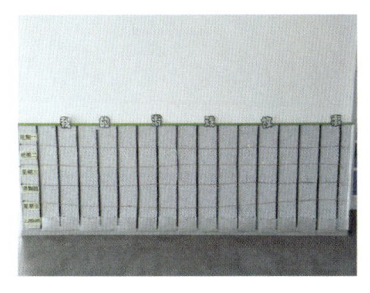

毛毡墙 　　　　　　　　　　软木墙 　　　　　　　　　　工字钉

二、墙面设置及使用

（一）走廊墙面设置

1. 游戏故事墙

班级活动室外面的通道两边有着宽阔的墙壁，考虑到毛毡布的性能比较稳定，不会因为日晒雨淋而变形，因此选择用毛毡布装饰活动室外面的墙面。其中面积约40平方米的墙面作为游戏故事墙，由教师与幼儿共同创设，为每个幼儿都设置了相对固定的展示空间。游戏故事墙一般每列有七格，第一格至第五格展示幼儿从星期一到星期五的游戏故事表征，第六格和第七格存放上一周五天的游戏故事。固定的展示位置方便幼儿观察，连续几天的游戏故事放在一起还能让幼儿的反思更有连续性。

游戏故事墙

2. 动植物观察记录墙

班级的动植物观察区域通常设置在活动室门口附近的区域，为方便幼儿观察及记录，幼儿的观察记录展示墙就设置在动植物观察区的附近墙面（图见第四章的"动植物观察区域的创设"）。

（二）活动室内的墙面设置

1. 阅读故事墙

幼儿每天都会自主开展阅读活动，阅读后的表征也成为幼儿们每天的惯例性活动。活动室内专门设置了一个墙面供幼儿展示阅读故事表征作品，墙面设计可根据班级墙面空间灵活调整。

阅读故事墙

2. 天气记录墙

观察天气也是幼儿每天的惯例性活动，通常幼儿会选择比较小的纸张或者本子进行记录，因此天气记录墙不会占用过多空间，教师可以充分利用活动室边角的墙面作为天气记录墙。

3. 游戏主题墙

在游戏分享环节，幼儿们会围绕感兴趣的话题展开讨论并且用绘画的方式记录自己的想法，班级老师可以根据幼儿的讨论主题开辟主题墙，让幼儿继续反思，互相分享自己的观点。

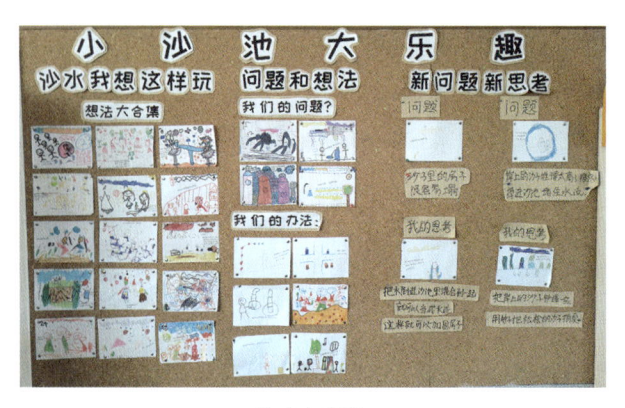

游戏主题墙

三、幼儿作品展示

　　室内的材料丰富多样，幼儿可以在游戏故事及餐后等时间，自主选择室内材料开展游戏。因此，幼儿也收获了多种多样的操作类游戏作品。材料柜表面是展示幼儿作品的最佳空间，有的幼儿甚至还有绘画表征，教师通过一对一倾听的方式帮助他们记录。幼儿通过观赏随处可见的作品以及分享他们创作的乐趣，来促使他们继续反思。

幼儿作品展示

第四章　动植物观察区的创设

一、环境

（一）场地介绍

动植物观察是幼儿每天的惯例活动，区域设置应尽量靠近活动室，一般情况下幼儿园会将其设置在班级门口，方便幼儿随时观察，盥洗以及为植物浇水也比较方便。动植物观察区一般由动植物种养区域、工具材料区域、观察记录展示墙组成。

植物种植区　　　　　便于幼儿盥洗和接水的室外水龙头

（二）配套设施

1. 植物种植盆、植物置物架等

根据植物的大小选择不同规格的种植盆，比较大型的植物，如西红柿、辣椒、土豆等需要大一些的盆。小花盆种植植物更容易移动，方便幼儿近距离观察记录，也要适当投放一些。最好再设置一些高低不同的植物置物架，便于幼儿日常的观察和护理。

2. 材料置物架

幼儿在观察和养护动植物时需要用到各种工具。小铲子、喷壶、放大镜等可以直接放在置物架固定的位置，并贴上清晰的标识，以方便幼儿取放。

3. 收纳篮

比较细小的物品如卷尺、笔等收纳可用耐水的置物篮，放在置物架的固定位置，方便幼儿快速找到工具并能根据标识归类放置。

二、材料

（一）材料的整理与收纳

在种植区域，材料的整理与收纳是必不可少的，而材料又分为许多种，例如，观察类、工具类等，在收纳整理时按照类别一一归类放置。

（二）材料投放清单

1. 观察类工具

放大镜、卷尺、动植物观察盒、时钟、湿度表等，供幼儿在观察植物时使用。

动植物观察区投放明细——观察类工具

区域	类别	材料名称	材料明细	投放数量
动植物观察区	观察材料	放大镜	1~6号放大镜	6个
		卷尺	蓝色、黄色、粉色	3把
		动植物观察盒	动植物观察盒	1个
		时钟	电子时钟	1个
		湿度表	电子湿度表	1个

附图

放大镜 　　　　　　　卷尺 　　　　　　　动植物观察盒

时钟 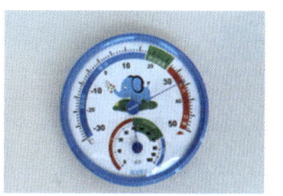　　　　　　　湿度表

2. 工具类材料

尺度笔、各种大小不一的铲子、塑料扫把、喷水壶等，以及植物收纳篮、材料置物架、植物置物架、植物种植盆等供幼儿观察植物时使用。

动植物观察区投放明细——观察类工具

区域	类别	材料名称	材料明细	投放数量
动植物观察区	工具类	尺度笔	20 cm尺度笔	2支
		铁铲子	大小铲子8～17号	10把
		塑料铲子、塑料扫把、塑胶刮铲	塑料铲子、塑料扫把、塑胶刮铲	3把
		喷壶	喷头喷壶、挤压喷壶	2个
		量杯	100 mL、200 mL、300 mL、400 mL、1000 mL、2000 mL刻度量杯	6个
		收纳篮	编织收纳篮	6个
		植物置物架	高、低置物架	2个
		材料置物架	材料置物架	2个
		种植盆	不同规格植物种植盆	适量

附图（部分）

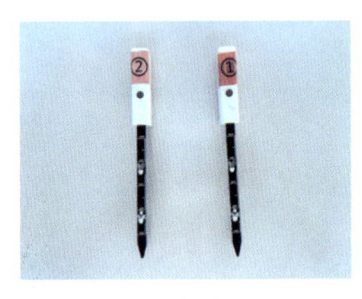

尺度笔

铁铲子

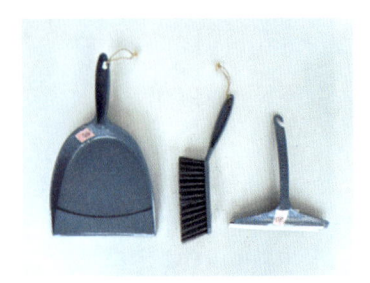

塑料铲子、塑料扫把、塑料刮铲

喷壶

量杯 　　　　　　　　收纳篮

植物置物架 　　　　　材料置物架

3. 本土材料类

动植物观察区投放明细——本土材料类

区域	类别	材料名称	材料明细	投放数量
植物观察区	本土材料类	丝瓜	丝瓜	1个
		南瓜	南瓜	1个
		葫芦	葫芦	1个
		大蒜	大蒜	20头
		红薯	红薯	20个
		葱头	葱头	20个
		姜	姜	6块
		辣椒	辣椒	10颗
		装种子的玻璃罐	装种子的玻璃罐	3个
		黄豆	黄豆	1瓶
		绿豆	绿豆	1瓶
		眉豆	眉豆	1瓶
		赤小豆	赤小豆	1瓶
		花生	花生	1瓶
		黑豆	黑豆	1瓶

附图

红薯、姜、大蒜、丝瓜、南瓜、
葫芦、葱头、辣椒等

黄豆、绿豆、眉豆、黑豆、
赤小豆、花生等

玻璃罐

三、观察记录展示

在动植物观察区域附近，设置了观察记录展示墙，每个幼儿都有自己的观察记录本，为方便记录，最好使用可灵活翻页的线圈本。每本记录本都有固定的位置，方便幼儿随时取放。

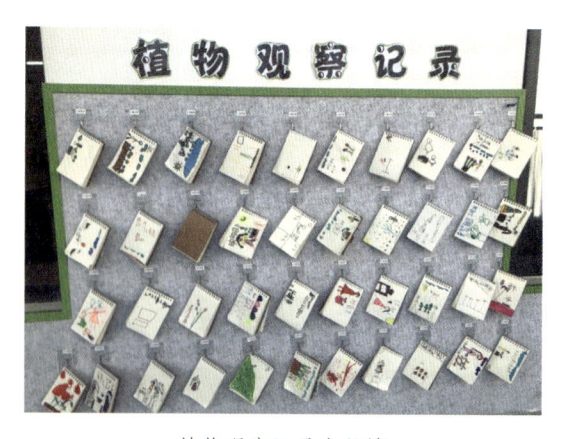

植物观察记录表征墙

四、动植物区观察案例

"雨"见蜗牛

（一）活动背景

游戏缘起： 种植区里的萝卜叶子出现了越来越多的大小、形状不一的洞，而幼儿对"为什么叶子上有小洞洞呢？""它是怎么来的呢？"等问题非常好奇，在一次晨间观察植物时，他们发现了植物区的蜗牛，并在发现的过程中彼此讨论，对其产生了浓厚的兴趣。这是一次极好的将自然资源与幼儿生活经验紧密联系并产生积极互动的教育契机，于是，关于蜗牛的一系列活动就这样静静地开始了。

（二）活动过程实录

环节一：发现蜗牛

持续阴雨天气一个多星期了，今天（3月27日）还是雨天，幼儿像往常一样入园，到教室做完签到和天气记录后，就开始了植物观察。有的幼儿在观察草莓有没有变红，有的幼儿在欣赏长寿花，有的幼儿在摘豌豆……这时文文小朋友突然对我说："老师，我发现了一只蜗牛。"听到文文的话，幼儿都陆续走到文文身旁观察。

发现蜗牛

诗怡："哇，有一只小乌龟。"
诗诗："它有壳啊。"
文文："是蜗牛吧。"
楚儿："看，它的触角出来了，是蜗牛。"
文文："今天看到了蜗牛，我又觉得叶子上的洞洞是蜗牛咬的。"
在晨谈活动中幼儿围绕蜗牛，进行了一次讨论。
轩轩："你怎么知道蜗牛喜欢吃叶子呢？他没有嘴巴怎么吃？"
文文："有啊，它有嘴巴啊，在它眼睛下面，还有很多牙齿呢。"

小瑾:"那是在电视里看到的,我也没真的见过蜗牛的嘴巴。"

轩轩:"这不简单,我们植物区不是有真的蜗牛吗?老师,我们可以把它带回教室看看吗?"

师:"可以啊。"

小悦:"幼儿园哪里还有蜗牛呢?"

诗诗:"其他班的种植区可能有。"

文文:"老师,我们不想去综合区玩了,我们一起去找蜗牛可以吗?"

师:"找蜗牛需要什么工具呢?"

天天:"需要铲子,这样就不会弄脏手了。"

楚儿:"需要放大镜,藏在泥巴里的小蜗牛也能找到。"

文文:"还需要装蜗牛的小盒子。"

1. 幼儿游戏的表达表征

我们一起观察植物,植物叶子上有洞洞,可能是毛毛虫咬的。我又看到一只蜗牛,我又觉得是蜗牛咬的。

——文文

2. 观察思考

通过谈话我们找到了幼儿的关注点与共同经验。教师将幼儿的谈话结果进行了简单梳理。后来幼儿们在室内穿好雨衣,带着工具,分成几个小组开始在幼儿园里寻找蜗牛,我们的蜗牛探究之旅由此拉开了序幕……

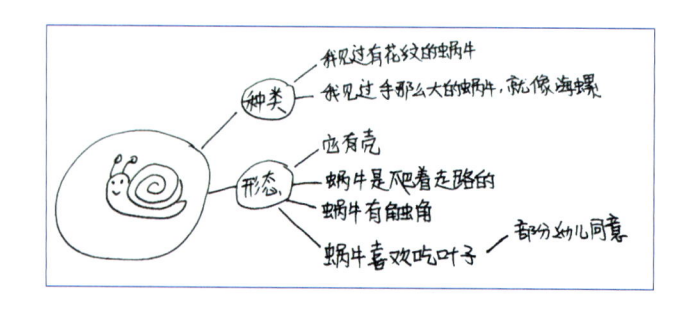

环节二：寻找蜗牛

寻找蜗牛

文文："我在中三班有湿湿泥土的菜心植物盆里又找到了一只蜗牛。"

小悦："我在露天的蒜苗种植盘里找到了蜗牛，植物盆里的泥土也是湿湿的。"

宁宁："我在生菜的叶子上找到了蜗牛，植物盆里的泥土也是湿湿的。"

美欣："以前，我们怎么没发现种植区有蜗牛呢？"

师："现在的天气和之前有什么不一样呢？"

柔柔："之前有太阳，有点热，现在一直下雨。"

师："是的，最近一直下雨，我们植物区的泥土有什么变化吗？"

美欣："一直淋雨的泥土会变得湿湿的。"

可欣："哦，我知道了，蜗牛不喜欢太阳，它喜欢湿湿的地方，所以下雨天它就出来玩了。"

1. 幼儿游戏的表达表征

我和小朋友们在观察每个班的植物里面有没有蜗牛，我们现在在二楼的走廊里，在观察植物里有没有蜗牛走过的痕迹，我还发现二楼的植物上有很多水。

——文文

我和吴楚儿，我拿铲子，吴楚儿拿放大镜，我们一起找蜗牛，从大班找到中班，我们又去小班找，还是没找到，又去四楼找，我们又下到一楼，从另外一个楼梯上去找到大班，然后又找到中班，我回去了，后来杜悦找到了一个。

——美欣

蜗牛不喜欢太阳，有太阳的时候它们就躲在土里，现在下雨了，它们就出来玩了。

——可欣

2. 观察思考

《3～6岁儿童学习与发展指南》中提到幼儿的思维是以具体形象思维为主，应注重引导幼儿通过直观感知、亲身体验和实际操作进行科学学习。于是我借此契机，让幼儿通过感知和亲身体验去认识蜗牛、了解蜗牛。在寻找蜗牛的过程中，幼儿不断分享自己的新发现，对蜗牛又有了进一步的认识。细心的幼儿根据天气的变化、泥土的变化，知道了蜗牛喜欢阴暗潮湿的生活环境。幼儿对蜗牛的兴趣并不止于此，他们有一双善于发现的眼睛，他们的"探究蜗牛之旅"还在继续。

环节三：观察蜗牛

带回教室的蜗牛被暂时安置在量杯里，开始了它在大五班的生活。

观察蜗牛

豪豪："快看，它的头出来啦。"

小雨："咦，我一摸它，它就缩回去了。哈哈。"

诗诗："它们爬得好快啊，要爬出量杯啦。快，快阻止它们。"

皓皓："看我的，轻轻一推它就掉下去了。"

文文："我觉得你用了很大力推它，它才掉下去的。你看，我铲子上的蜗牛怎么甩都甩不下来呢！"

1. 幼儿游戏的表达表征

我观察了蜗牛，看到了它的嘴巴。蜗牛的眼睛在触角上；它的脚在肚子下面；蜗牛的壳上有点儿黑黑的；蜗牛爬到了瓶子上面，我又把它弄了下去。

——皓皓

有人在旁边，它会把头躲起来，不让人看到，没人的话，它就爬出来。

——豪豪

蜗牛的水真的很黏很黏，邓皓文拿起铲子甩来甩去，它都没掉下来。

——诗诗

2. 观察思考

幼儿通过观察、感知、思考、交流进行探索和发现，对蜗牛的了解也越来越深入，思维非常活跃，语言表达能力及自信心等都有较大的提高。

环节四：饲养蜗牛

忽然，幼儿在墙上发现了一只蜗牛，原来是量杯里的蜗牛爬上了墙。

蜗牛爬上了墙

美欣："蜗牛怎么跑到这里来了？"

诗诗："因为蜗牛会爬。"

文文："蜗牛想去冒险了。"

诗诗："它是从我们的量杯里爬出来的吧？"

皓皓："你们看，这只蜗牛身上还有泥巴。"

美欣："对啊，这么脏，不能让它自己随便爬出来玩。"

师："要不我们送蜗牛们回种植区吧？"

全班幼儿："不要，我们还想和蜗牛玩。"

师："那你们要想办法，不让它在教室里到处爬呦。"

文文："我有办法了，我给它设计一个有门的家，我们不陪它的时候就把门关上，它就出不来了。"

美欣："这方法太慢了，我们都快放学了。等我们明天回来，蜗牛可能都不在课室了。"

这时诗诗从美工区拿了一个带盖子的小盒子过来，说："我们让蜗牛住在这里吧，等我们明天回来再给蜗牛做新家。"（原来他把彩笔筒里的彩笔拿了出来，给蜗牛空出了一个"家"。）

就这样，离园后幼儿在班群里中掀起了一股为蜗牛设计"家"的热潮。

1. 幼儿游戏的表达表征

蜗牛总是爬出箱子，我就想到给它盖间房子，有门的，把门关上它就不能到处乱爬了，它可以在窗口看风景。

——文文

这是蜗牛的家，这是蜗牛的衣服，这是蜗牛洗澡的地方，上面是蜗牛的厕所，这是蜗牛睡觉的地方。

——岚岚

2. 观察思考

从这一天的观察来看，幼儿对蜗牛的认识是表面的、零散的、粗浅的，每个人的认识都不一样。教师觉得饲养蜗牛是让幼儿深入了解蜗牛的最好办法，于是答应他们在活动室饲养蜗牛。

（三）教师的分析与反思

1. 游戏活动的特点

（1）充分的自主性

在整个活动中，教师给了幼儿最大限度的选择自由，幼儿玩什么，怎么玩，和谁玩，玩多久，都是幼儿自己选择，自己做主。偶然发现的蜗牛唤起了幼儿的已有经验，激发了幼儿的探究兴趣和热情，当幼儿提出户外活动改为寻找蜗牛活动的需求时，教师能灵活调整一日活动的安排。

（2）遵循生活即教育

文文在观察植物时自发地注意到了一只蜗牛，进而引起了全班幼儿的关注和兴趣。教师追随幼儿的兴趣，一起通过谈话、观察等方式，认识、了解、饲养蜗牛。教师遵循"生活即教育"的教育理念，让幼儿通过自己的情感体验和智慧探索不断学习着、体会着和成长着。

从发现蜗牛到认识蜗牛再到饲养蜗牛，幼儿提出了各种各样的问题：在哪里可以找到蜗牛？蜗牛有嘴巴吗？蜗牛为什么不会从铲子里掉下来？蜗牛喜欢吃什么？……在解决这些问题的过程中，教师帮助孩子们逐步了解蜗牛的外形特征、习性等。幼儿的探究能力在解决问题的过程中得到提升，同时也对大自然有了进一步的了解，从而更加喜欢自然，亲近自然。

2. 教师的支持与反思

（1）关注幼儿的兴趣，深挖有效资源

在这次自发的游戏中，教师做到了幼儿在前，教师在后，顺应幼儿的想法，为他们提供时间、场地等，使幼儿按照自己的意愿进行探索。教师将幼儿收集的蜗牛饲养在教室，让他们可以随时去触摸、观察、探索，并进行连续的、长期的观察，在此期间产生的疑惑以及彼此分享的过程与结果，都是幼儿最大的收获。

（2）呼应幼儿需求，助推深度学习

在这次活动中，幼儿通过与教师、同伴的交流和互动来感知，然后教师在幼儿为主体的基础上进行讨论、学习，但师与幼、幼与幼之间的多维互动还不够深入。下一步教师将会更加关注幼儿学习品质的发展、幼儿游戏故事的产生，以及连续性游戏故事的发现与记录。教师需从幼儿一日生活入手，投放更丰富的工具和材料，让幼儿有更多自主操作、实验的机会；提供问题情景，引发幼儿的认知冲突，激发幼儿更深层次的思考与探索。

第五章 场地安排以及时间安排

一、场地安排

在每学期开学前，幼儿园已经统筹安排好各班的户外活动场地，按照每四周轮换一次场地的原则，尽量能让每个班级在一学年里把各种类型的户外场地都体验一次。以下是各班一个学期的场地轮换表。

2022学年第一学期连州市实验幼儿园户外活动场地安排表（小班）

周数	场地									
	积木区1	积木区2	（爬网1、2）沟壑	涂鸦区2 小树林2	童车区 小树林4、5	涂鸦区1 玩水区	沙水区1	沙水区1	涂鸦区3 小树林3	索道
1～4	小三班	小四班	小五班	小六班	小七班	小八班	小一班	小二班		
5～8	小五班	小六班	小七班	小八班	小一班	小二班	小三班	小四班		
9～12	小七班	小八班	小一班	小二班	小三班	小四班	小五班	小六班		
13～16	小一班	小二班	小三班	小四班	小五班	小六班	小七班	小八班		
17～20	小四班	小五班	小六班	小七班	小八班	小三班			小一班	小二班

2022学年第一学期连州市实验幼儿园户外活动场地安排表（中班）

周数	场地									
	综合活动区2	涂鸦区3 小树林3	索道	螺母积木区2	沙水区2	沙水区1	积木区3	涂鸦区1	滚筒区	小山坡
1～4	中一班	中二班	中三班	中四班	中五班		中六班	中七班		
5～8	中二班	中三班	中四班	中五班	中六班		中七班		中一班	
9～12	中三班	中四班	中五班	中六班	中七班		中一班			中二班

续 表

周数	场地										
	综合活动区2	涂鸦区3 小树林3	索道	螺母积木区2	沙水区2	沙水区1	积木区3	涂鸦区1	滚筒区	小山坡
13～16	中四班	中五班	中六班	中七班	中一班		中二班			中三班
17～20	中七班			中一班	中二班	中三班 中四班	中五班		中六班	

2022学年第一学期连州市实验幼儿园户外活动场地安排表（大班）

周数	场地								
	综合活动区1	涂鸦区1 沙水区	小山坡	螺母积木区1	创意木工坊	滚筒区	泥区草地3	沙水区2
1～4	大一班		大二班	大三班	大四班	大五班	大六班	大七班
5～8	大二班	大三班	大四班	大五班	大六班		大七班	大一班
9～12	大三班	大四班		大六班	大五班	大七班	大一班	大二班
13～16	大四班	大五班	大六班	大七班	大一班		大二班	大三班
17～20	大五班	大六班	大七班	大一班	大二班		大三班	大四班

二、渗透自主游戏精神的一日生活

自主游戏精神还体现在幼儿的一日生活中。一日生活在时间安排上更具弹性，摒弃了大一统的、碎片化的做法，有更多的空间让幼儿自主决定做什么、怎么做，形成了与幼儿密切相关的惯例性活动，让幼儿真正实现在一日生活中学习。下面以可怡小朋友为例，介绍幼儿在园的一日生活。

（一）来园活动

动植物的养护是幼儿来园之后要做的第一件事。来园后，幼儿主动观察养护的动植物，将自己的观察用表征的方式进行记录，而后通过语言表述给教师。教师要做一名忠实的倾听者，将幼儿的语言如实记录，然后回放给幼儿听。幼儿除了进行动植物、天气的观察记录外，他们还会自主选择室内游戏材料进行活动，如阅读、探究、手工创作……

天气记录　　　　　　　　　　　　　阅读记录

可怡是一名大班的小朋友，每天她都会催促妈妈早点送她到幼儿园。7:50是大班幼儿入园的时间，提早在门口等候的可怡迫不及待地打卡入园，排队晨检，她背着小书包来到三楼的课室，向老师问好后把书包放到固定的书包架上，拿起自己的水彩笔向植物区走去，取下植物区墙上的翻页记录本放到小桌子上，然后搬来了自己种植在小花盆里的西红柿，认真地边观察边记录。突然，可怡惊奇地叫了起来："我的西红柿叶子上有一只蜗牛，你们快来看。"听到可怡的叫声，几个小朋友围了过去，大家七嘴八舌地开始讨论，一场关于蜗牛的探索就这样自然而然地产生了。可怡的植物记录本上，画满了各种各样大小不一的蜗牛，可怡告诉老师："我发现下雨天才会有更多的蜗牛。"

观察蜗牛　　　　　　　　　　　　可怡观察到的蜗牛记录

（二）早餐及餐后活动

早餐时间到了，可怡收拾好水彩笔和记录本，自主地如厕、洗手、取餐、进餐，有序且自然。大概二十分钟，可怡吃完早餐放好餐具，把户外活动准备的水壶、汗巾放到了生活小桶里。如果是雨天，她会提前穿好雨衣，准备好雨鞋；夏天会准备好防晒帽。

（三）自主游戏活动

随着小蜜蜂播放器的音乐响起，幼儿拿着小桶跟随教师来到螺母积木区，他们把小桶摆在场地的一边，有序地站在空地上听着音乐快乐地做游戏前的韵律活动。

游戏活动前的韵律活动

户外自主游戏开始了，可怡与小伙伴选择自己喜欢的材料开始游戏，今天他们玩的是彩虹小学的游戏。他们分配了角色，有的幼儿扮演保安，有的幼儿扮演学生，还有的幼儿扮演家长，而可怡选择扮演老师，一场关于彩虹小学的游戏持续了1个小时，幼儿还意犹未尽。

搭建彩虹小学　　　　　　　　　　彩虹小学开家长会

幼儿依依不舍地把材料按标识放回到收纳柜，随着游戏结束和材料的收纳整理完成，刚才热闹的游戏场变得异常的安静。听着音乐，跟随着老师，幼儿拿上小桶回到课室。可怡的衣服湿了，只见她从书包里拿出干净的衣服，熟练、快速地把衣服换好，洗手、吃水果、画游戏故事，一切都是那么的井然有序。之后，可怡找到老师开始讲述游戏故事。只见可怡不时地用手比画着，说到兴奋处，忍不住从椅子上站了起来。在整个记录过程中，老师用微笑、点头、记录等回应了幼儿，给予幼儿充分表达的机会，最后，老师复述了可怡的游戏故事，并询问她："老师是否记录完整？"可怡满意地回答："都记录完整了。"然后拿着自己的游戏故事找到对应自己名字的位置，用工字钉固定在游戏故事墙上。几名幼儿围着装订在墙上的游戏故事讨论着，还兴奋地拍起了手。老师继续帮其他幼儿记录。

可怡和几个已经完成游戏故事的幼儿自主安排接下来的活动。有的自主选择室内材料玩起了游戏，有的选择绘本自主阅读、阅读故事表征等。

一对一倾听　　　　　　　　　　　　可怡的游戏记录

游戏分享的时间开始了，幼儿分成了两组，何老师分享的内容刚好是可怡玩的彩虹小学，于是可怡选择了何老师的游戏分享小组，对于自己的游戏，可怡是这样说的："我是彩虹小学的老师，我给彩虹小学的家长和学生开家长会。"参与游戏的幼儿纷纷讲述了自己扮演的角色和工作，他们把近期大班开展的"我要上小学"主题活动内容迁移到了游戏当中，这充分体现出幼儿对上小学的向往。

游戏分享

（四）午餐及餐后活动

午餐时间到了，幼儿都自主有序地准备着。可怡收拾好玩具材料，自主地如厕、洗手、取餐、进餐。大概二十分钟，可怡吃完午餐，放好餐具，用小水杯漱口，用小抹布擦干净桌面，继续安排自己的活动。有时候她会继续餐前的游戏，有时她会找老师记录她的游戏故事（游戏故事一对一倾听环节没有轮到她），或者延续餐前的阅读活动，记录自己的阅读故事，或继续完成植物观察和天气记录……午餐后的活动变得惬意自然、宽松愉悦。

幼儿自主取餐 　　　　　　　　　　幼儿自主进餐

餐后阅读 　　　　　　　　　　　　餐后自主游戏

（五）自我服务

为了锻炼幼儿自我管理和自我服务能力，教师把室内、户外各活动区的管理也放手交给幼儿。幼儿选择自己喜欢的游戏材料，有的搬，有的抬，力气小的幼儿还会找人合作，自主地收纳室内外的玩具材料，把材料按标识归位。游戏前幼儿自己准备游戏装备和生活用品放入小桶里带到户外；游戏中自己决定什么时候喝水、休息；游戏后协助同伴、教师清洗材料、场地；回课室后更换衣服和自主如厕、洗手、吃水果等。经过一段时间，你会惊喜地发现游戏的每一个环节幼儿都在学习，他们找到自己最适合的学习方式，自主发展和自主成长。

上篇 游戏环境创设

准备户外活动 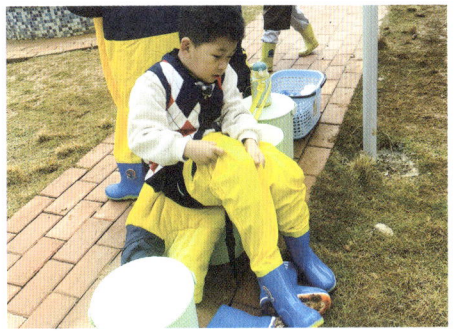　　　　　　自己穿游戏服

喝水 　　　　　　摆整齐

清洗材料 　　　　　　互相帮助

材料归位 　　　　　　挂好游戏服

· 125 ·

下篇

游戏观察

第六章　教师的放手

当教师为幼儿准备了富有挑战性的游戏环境和丰富的游戏材料，并提供了充足的游戏时间之后，还要做到放手。实际上，让教师真正做到放手与退后，也需要经过不断的培训、教研，以及反思才能实现。本章主要介绍幼儿园是如何通过培训与教研帮助教师深化理论知识、开展实践指导，进而转变教师观念的。

一、教研组织体系

在教研活动的组织上我们主要实行"三大教研体系"：第一体系是园级教研组织（组长为业务园长、保教主任）、第二体系是年级教研组织（组长为各年级教研组长）、第三体系是班级教研组织（组长为各班班主任）。

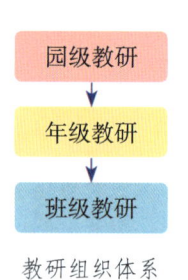

```
园级教研
   ↓
年级教研
   ↓
班级教研
```

教研组织体系

各体系的教研内容需在整体上保持一致，各体系之间要积极互动、互助依存，实现同伴效应、互助效益的最大化。

二、教研内容的制定

内容的制定源于日常活动的组织实施，主要包括教师的困惑和急需解决的问题。教师在年级教研组长的引领下，定期收集、整理、筛选出有价值的问题进行深入的研讨。由于教研的内容是教师感兴趣的、心中所期盼解决的问题，因此教师的参与积极性较高，能各抒己见，形成了一种自下而上的良好教研氛围。

三、教研活动的开展形式

幼儿园组织教师每月开展两次园内大教研、每月两次年级教研、每周一次班级教研。还通过梳理式教研、专题式教研、案例式教研、分批培训等形式多样的方式多次开展线上、线下的教研活动。

（一）梳理式教研

"梳理式教研"主要是理论知识方面的培训。在学习书本理论的同时，将其中的理论要点以思维导图的方式进行梳理，增强教师对理论基础的学习能力，这种梳理方法也便于教师对知识的熟练掌握。在每个学期末，我们还会对本学期所培训学习的重点理论知识进行全园式闭卷考试。

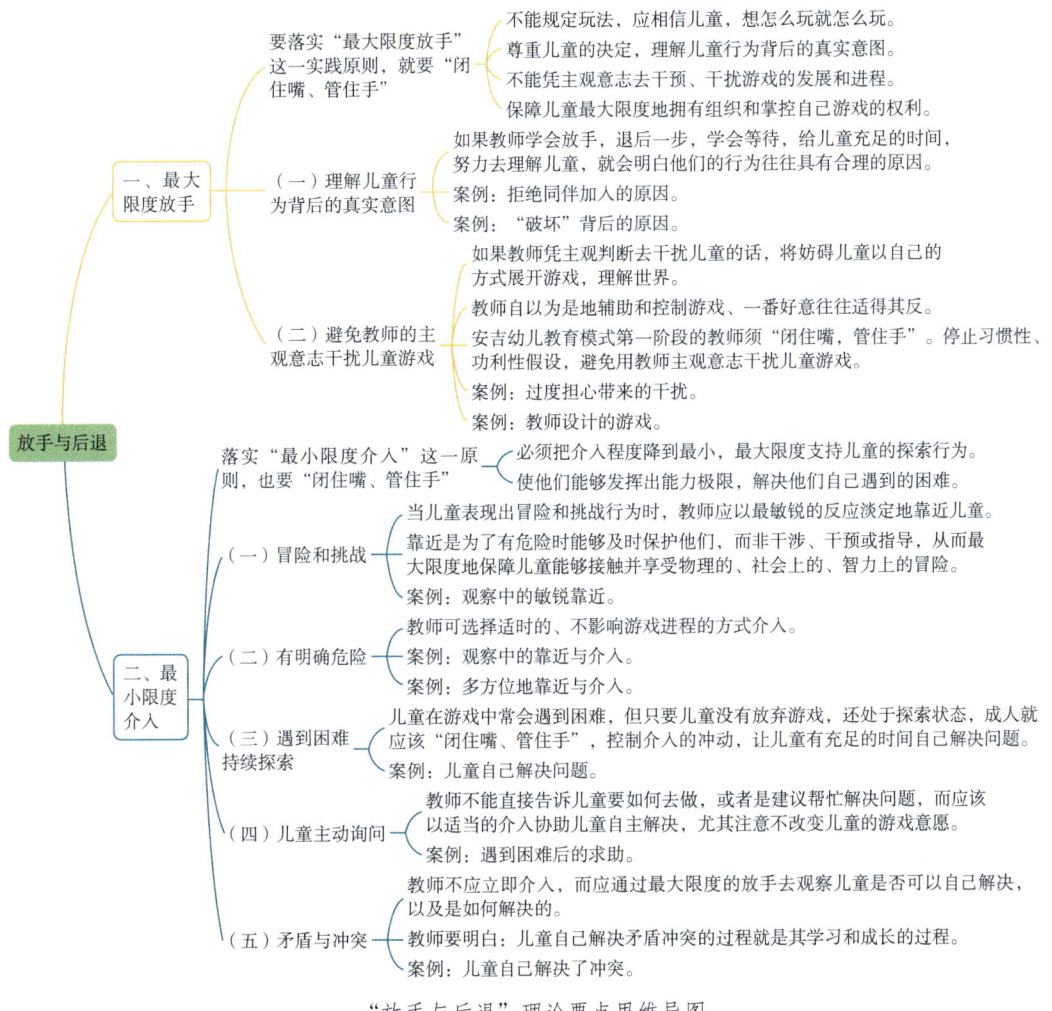

放手与后退

一、最大限度放手
- 要落实"最大限度放手"这一实践原则，就要"闭住嘴、管住手"
  - 不能规定玩法，应相信儿童，想怎么玩就怎么玩。
  - 尊重儿童的决定，理解儿童行为背后的真实意图。
  - 不能凭主观意志去干预、干扰游戏的发展和进程。
  - 保障儿童最大限度地拥有组织和掌控自己游戏的权利。
- （一）理解儿童行为背后的真实意图
  - 如果教师学会放手，退后一步，学会等待，给儿童充足的时间，努力去理解儿童，就会明白他们的行为往往具有合理的原因。
  - 案例：拒绝同伴加入的原因。
  - 案例："破坏"背后的原因。
- （二）避免教师的主观意志干扰儿童游戏
  - 如果教师凭主观判断去干扰儿童的话，将妨碍儿童以自己的方式展开游戏，理解世界。
  - 教师自以为是地辅助和控制游戏、一番好意往往适得其反。
  - 安吉幼儿教育模式第一阶段的教师须"闭住嘴，管住手"。停止习惯性、功利性假设，避免用教师主观意志干扰儿童游戏。
  - 案例：过度担心带来的干扰。
  - 案例：教师设计的游戏。

二、最小限度介入
- 落实"最小限度介入"这一原则，也要"闭住嘴、管住手"
  - 必须把介入程度降到最小，最大限度支持儿童的探索行为。
  - 使他们能够发挥出能力极限，解决他们自己遇到的困难。
- （一）冒险和挑战
  - 当儿童表现出冒险和挑战行为时，教师应以最敏锐的反应淡定地靠近儿童。
  - 靠近是为了有危险时能够及时保护他们，而非干涉、干预或指导，从而最大限度地保障儿童能够接触并享受物理的、社会上的、智力上的冒险。
  - 案例：观察中的敏锐靠近。
- （二）有明确危险
  - 教师可选择适时的、不影响游戏进程的方式介入。
  - 案例：观察中的靠近与介入。
  - 案例：多方位地靠近与介入。
- （三）遇到困难持续探索
  - 儿童在游戏中常会遇到困难，但只要儿童没有放弃游戏，还处于探索状态，成人就应该"闭住嘴、管住手"，控制介入的冲动，让儿童有充足的时间自己解决问题。
  - 案例：儿童自己解决问题。
- （四）儿童主动询问
  - 教师不能直接告诉儿童要如何去做，或者是建议帮忙解决问题，而应该以适当的介入协助儿童自主解决，尤其注意不改变儿童的游戏意愿。
  - 案例：遇到困难后的求助。
- （五）矛盾与冲突
  - 教师不应立即介入，而应通过最大限度的放手去观察儿童是否可以自己解决，以及是如何解决的。
  - 教师要明白：儿童自己解决矛盾冲突的过程就是其学习和成长的过程。
  - 案例：儿童自己解决了冲突。

"放手与后退"理论要点思维导图

（二）专题式教研

"专题式教研"：将实践过程中所遇到的典型问题提炼出来作为研究的主题，发动教师的力量，集思广益，针对这个主题进行系统的探究。比如，场地的规划和材料的投放都将采用教研的形式进行讨论，由教师们自主研讨后得出结论，并确定具体做法。

（三）案例式教研

"案例式教研"：收集幼儿自主游戏活动的视频，选取其中大家普遍存在困惑的方面进行分批教研。因为案例视频都是源于身边的人和事，所以教师们非常容易找到共鸣点，又通过相互切磋、比较，反思总结，得出符合教师工作实际且具有可行性的方案，并将其作为下一步实践的依据。

在进行案例式教研活动的时候，往往会采用班主任、配班老师、保育老师分批分岗进行教研的方法，利用直观的案例视频同时采用分批的教研形式进行有针对性的研讨。这样的研讨是很有必要，教师可以充分结合自己工作岗位的实际情况进行研讨。

四、教师培训

教师培训内容主要包括安吉游戏教育丛书《放手游戏　发现儿童》《3～6岁儿童学习与发展指南》《幼儿园入学准备教育指导要点》《幼儿园保育教育质量评估指南》，以及有关游戏理论的书籍。

（一）幼儿园一个学期（2021学年第二学期）的部分学习计划

《3～6岁儿童学习与发展指南》学习计划表

时间	领域内容		具体目标
第三周	一、健康	（一）身心状况	目标1：具有健康的身体 目标2：情绪安定愉快 目标3：具有一定的适应能力
第四周		（二）动作发展	目标1：具有一定的平衡能力，动作协调、灵敏 目标2：具有一定的力量和耐力 目标3：手的动作灵活协调
第五周		（三）生活习惯与生活能力	目标1：具有良好的生活与卫生习惯 目标2：具有基本的生活自理能力 目标3：具有基本的安全知识和自我保护能力
第六周	二、语言	（一）倾听与表达	目标1：认真听并能听懂常用语言 目标2：愿意讲话并能清楚地表达 目标3：具有文明的语言习惯

下篇 游戏观察

续表

时间	领域内容		具体目标
第七周	二、语言	（二）阅读与书写准备	目标1：喜欢听故事，看图书 目标2：具有初步的阅读理解能力 目标3：具有书面表达的愿望和初步技能
第八周	三、社会	（一）人际交往	目标1：愿意与人交往 目标2：能与同伴友好相处 目标3：具有自尊、自信、自主的表现 目标4：关心尊重他人
第九周		（二）社会适应	目标1：喜欢并适应群体生活 目标2：遵守基本的行为规范 目标3：具有初步的归属感
第十周	四、科学	（一）科学探究	目标1：亲近自然，喜欢探究 目标2：具有初步的探究能力 目标3：在探究中认识周围事物和现象
第十一周		（二）数学认知	目标1：初步感知生活中数学的有用和有趣 目标2：感知和理解数、量及数量关系 目标3：感知形状与空间关系
第十二周	五、艺术	（一）感受与欣赏	目标1：喜欢自然界与生活中美的事物 目标2：喜欢欣赏多种多样的艺术形式和作品
第十三周		（二）表现与创造	目标1：喜欢进行艺术活动并大胆表现 目标2：具有初步的艺术表现与创造能力

《放手游戏 发现儿童》学习计划表

时间	学习内容	知识框架
第三周、第四周	第二章 材料、环境与时间 第一节 游戏材料的投放	1.材料的特征与种类 2.材料的投放与使用
第五周、第六周、第七周	第二章 材料、环境与时间 第二节 游戏环境创设	1.自然野趣的游戏场 2.室外的配套设施及装备
	第二章 材料、环境与时间 第三节 游戏时间安排	1.游戏时长 2.轮换频率
第八周、第九周	第二章 材料、环境与时间 第四节 室内游戏环境与材料	1.班级游戏环境与材料 2.公共区域环境与材料
第十周、第十一周	第三章 放手、观察与发现 第一节 放手与后退	1.最大限度地放手 2.最小限度地介入
第十二周、第十三周	第三章 放手、观察与发现 第二节 观察与发现	1.如何观察游戏 2.发现儿童会做什么

续 表

时间	学习内容	知识框架
第十三周、第十四周	第四章　家长工作 第一节　家长担心的问题	1.家长担心的问题 2.游戏中的安全问题 3.游戏材料的价值问题
第十四周、第十五周	第四章　家长工作 第二节　幼儿园的做法	1.培训《3~6岁儿童学习与发展指南》 2.回忆童年游戏 3.体验游戏 4.观察游戏 5.共同游戏 6.参与游戏故事
第十六周、第十七周	第一章　理念 第一节　游戏革命	游戏革命
第十八周、第十九周	第一章　理念 第二节　关键词 第三节　安吉幼儿园课程	1.爱 2.冒险 3.喜悦 4.投入 5.反思
第二十周	总复习	总复习

《幼儿园入学准备教育指导要点》学习计划表

时间	指导要点	发展目标
第三周	一、身心准备	1.向往入学 2.情绪良好 3.喜欢运动 4.动作协调
第四周		
第五周	二、生活准备	1.生活习惯 2.生活自理 3.安全防护 4.参与劳动
第六周		
第七周	三、社会准备	1.交往合作 2.诚实守规 3.任务意识 4.热爱集体
第八周		
第九周	四、学习准备	1.好奇好问 2.学习习惯 3.学习兴趣 4.学习能力
第十周		

（二）教研活动实录

教研活动案例1：如何解决户外自主游戏活动中的安全问题

研讨内容	如何解决户外自主游戏活动中的安全问题
研讨人员	全体教师
教研内容记录	一、回顾上次教研内容 （一）什么是游戏故事？ 幼儿通过绘画的方式，对游戏经历进行回顾、反思、叙述 【思考】 1.什么时候进行绘画？ ·游戏结束之后回到活动室后再进行。 2.跟谁叙述？ ·幼儿与同伴之间、幼儿与教师之间都可以进行沟通交谈。 3.你实践游戏故事了吗？你是如何实践游戏故事的？ ·实践游戏故事的过程有画游戏故事、讲述与记录、整理与展示。 ·小六班老师：我们班是这样实践游戏故事的，首先幼儿从户外回来之后，就进行盥洗，接着就是吃水果，我们会引导吃完水果的幼儿自行进行表征活动，我们会这样引导："你在户外的时候有没有发现什么问题？把它们画下来"。 （二）我实践游戏故事了吗？ ·老师们自己要反思今后该如何实践，反思自己是否做到了"游戏故事"这个环节。 二、如何解决户外自主游戏活动中的安全问题 （一）案例研讨1：幼儿挖多功能厅墙边的泥土 小一班老师：幼儿喜欢用奶粉罐玩过家家游戏，也喜欢挖泥；老师已经拍照与小朋友边看边探讨能不能挖泥土、挖泥土的后果。 【反思】 这种行为是否要马上制止？ 【总结】 1.要引导，园方也有责任，给予幼儿一个环境的暗示。 2.可以拍视频和照片，在游戏故事分享的时候，把照片或视频放出来，组织幼儿一起讨论：你们发现了什么？随后进行这方面的教育。教师可以去找这方面的知识与幼儿一起认识与发现。让幼儿进行对比，普及一下关于建筑物的爱护建设等，幼儿就会知道在这个区域的注意事项。 （二）案例研讨2：幼儿在索道中间玩梯子，如果索道也同时玩的话，就会发生碰撞，存在危险，教师是否需要马上制止或提醒，还是要先观察？ 【总结】 1.安吉游戏有五个关键词，其中一个是"冒险"，幼儿体验到了冒险但是不能预判自己和他人的危险； 2.教师要拍照记录，游戏结束后要与幼儿一起分享，引导幼儿在游戏中注意安全； 3.教师靠近站位； 4.在户外的时候，教师要有目的地观察：我要观察什么、如何观察（定区域、定小组或个人、定材料观察）。

续表

教研内容记录	（三）案例研讨3：幼儿自主搬木箱 中二班老师： 综合区场地视频案例分享：（1）五个幼儿搬木箱，我们班这个月在综合区玩，由于木箱又大又重，在幼儿推木箱的时候，前面的视角是盲区，存在危险。一旦有幼儿经过木箱的前方，就有被砸伤的危险。班级老师对这个问题进行了反思，反思了班级里三位老师的站位，应该就近站位。（2）两名幼儿在利用梯子和轮胎玩摇摇马，隔壁在玩梯子，幼儿在玩摇摇马的过程中摔倒的话容易撞到旁边的梯子。班级老师及时发现，选择就近站位。 【反思】 ·请各位老师反思一下视频中教师的就近站位合理吗？ ·应该站在靠近木梯的一侧才能及时上前保护幼儿。 【延伸】 《放手游戏发现儿童》案例学习： ·观察中的敏锐靠近 ·观察中的靠近与介入 ·多方位地靠近与介入 【总结】 只有老师合理地站位，才能确保幼儿在游戏中的安全。
教研反思	在户外自主游戏中，当幼儿表现出冒险和挑战的行为时，教师应以最敏锐的反应淡定地靠近幼儿。本次教研活动中，教师们进行案例分享和反思，目的是为进一步帮助教师深度了解安吉游戏理念，科学研判幼儿在游戏中可能会出现的安全问题，运用科学的观察方法观察幼儿的游戏行为，了解游戏时介入的方式并选择适宜的方式支持幼儿的游戏。

教研活动案例2："跳进滚筒"案例分析（班主任研讨专场）

研讨内容	"跳进滚筒"案例分析
研讨人员	各班班主任
教研内容记录	一、观看视频，教师分享 1.成老师： 滚筒太高，幼儿从滚筒上跳下去可能会腰痛。游戏是幼儿自主发起的，教师是否应该介入？存在安全隐患，因为梯子高、滚筒高，可能会发生安全事故。 2.凌老师： 这个视频是我们班的游戏视频片段。这个幼儿我们是特别关注的，因为滚筒的边是弧形的，梯子是横的，我们很担心幼儿在游戏时发生意外；幼儿分享说，跳进滚筒的洞里感觉很好玩，走过横放的梯子觉得像走过了一座桥，但跳进滚筒时感觉脚疼。放学时我跟家长说了游戏中幼儿感觉脚疼，建议家长回去检查幼儿脚是否受伤。 3.韩老师： 幼儿通过此游戏锻炼了他们判断危险的能力，但是教师会担心幼儿在游戏的过程受伤。我们班级的教研结果：在预判幼儿发生危险的时候，教师会选择靠近；发现幼儿可以保护好自己，能判断是否危险。我们要敏锐地观察幼儿的举动，要放手游戏。

续表

教研内容记录	4.凌老师： 我们班的这个幼儿，他是逐步递进的，我们在后期分享的时候，发现幼儿在表征的时候把梯子的绳子拉直了。 5.李园长：老师要选择靠近，当危险发生前，要及时阻止危险发生。 二、教师应该怎么做 1.当幼儿出现某种行为的时候，教师首先要去判断，确定这名幼儿是否是第一次做出这样的举动，如果他之前有过这样的经验，他对于这个距离跳下去的判断是有感知的，那么这个时候教师不需要介入，只需静观，看幼儿的游戏变化。 2.现在是安吉游戏开展的第一阶段，滚筒在前期不建议跟梯子、长板之类的材料混用，担心出现一些不可控的行为，会有危险，希望幼儿在熟练掌握这些材料，有一定经验的基础上，再将两种材料进行混用。 3.如果幼儿出现了这样的行为，教师也很担心幼儿的安全，可以事后跟幼儿聊一聊，问问他在游戏的时候，是否有我们成人所想到的那些恐惧、害怕的心情，可以问一问幼儿是怎么想的。
教研反思	1.在游戏中，老师只有每次都做到真正地放手，孩子的游戏才能是真游戏，幼儿才能有真感受。 2.关于站位问题，班级老师和保育、班级与班级、主班与副班之间都要互相配合，当出现空缺要马上互补站位，只有灵活变通才能形成一个良好的站位点。

第七章　发现儿童案例

沟壑里的"小趣事"

【游戏背景】

沟壑是在地表形成的狭长、纵向的凹陷地形,它通常都有较为陡峭的山坡,内部包含小溪或河流,不同的深度和宽度变化给幼儿带来不同的感官体验。幼儿在沟壑区架桥、挖道,与各类材料发生互动,发生了很多"小趣事",让我们随故事一起走入幼儿的游戏。

【游戏过程】

游戏一:"瀑布沙来啦!"

户外自主游戏开始啦!幼儿纷纷挑选心仪的材料。

迪迪拿着牛奶罐左右敲打着沟壑上的泥土,说:"快点儿下来,沙。"小允看到两边源源不断滑下来的泥土,兴奋地说:"哇!像个瀑布。"迪迪说:"对呀!"于是他更加用力地敲打着泥土,笑哈哈地说:"哈哈哈,瀑布来啦!瀑布沙来啦!"

敲打泥土

下篇　游戏观察

游戏二："泥土滑梯"

小允用一个PVC管把泥土铲进盒子里，而迪迪负责把盒子里的泥土压平。突然，小允说："等一下，我有一个好主意！很快的速度！"只见他把盒子移到沟壑边，让PVC管一头挨着沟壑，一头在盒子上方，然后拿着洗衣盖往草坪上大力地敲打，说："你就这样对着，让这些沙子滑下来。"接着，迪迪拿着PVC管，对准盒子后，小允敲打着草坪，看见泥土从PVC管上滑下来，高兴地叫起来："哇！泥土滑梯。"

用PVC管铲泥　　　　　　　　　　泥土滑梯

游戏三："哎呀！我的屁"

小允和迪迪不停地敲打着草坪上的泥土，迪迪敲出了一个石头，小允把石头放在PVC管上滑下来，迪迪看到开心地笑起来。于是，他们把找到的石头一个个放在PVC管上，让石头顺着管子滑下来，高兴地玩耍着。

【教师的发现】

（一）初体验——材料的使用发生了变化

小允发现只要用PVC管铲泥土，泥土就顺着PVC管滑下来，于是他想到了一个好主意，把PVC管斜放在泥墙边，用力地敲打草坪把泥土震下来，顺着PVC管流入盒子里。小允在游戏过程中将原有经验重组，从用PVC管铲泥到用PVC管运泥，发现新玩法，获得新经验。

（二）创玩法——丰富游戏主题

小允和迪迪从一开始用牛奶罐敲打泥墙，玩"瀑布沙"游戏，到后来用PVC管运"瀑布沙"，再到最后运大颗的石头。幼儿自发开展游戏，自主选择游戏材料，自行进行游戏探究，形成了"自主游戏，操作探究—迁移经验，助推探究—创新玩法，丰富主题"。

（三）获经验——感知材料的特性及物理知识

《3~6岁儿童学习与发展指南》中指出，幼儿是在亲身体验、直接感知、动手操作中学习的。在本次游戏中，幼儿通过观察、触摸、比较、操作、实践，感知泥土从粗糙的泥墙上缓缓滑下的慢与泥土从光滑的PVC管上滑下的快。幼儿多感官参与游戏，不仅体验了游戏的乐趣，感知了材料的特性，还潜移默化地懂得并运用了物理知识。

（四）促成长

1. 促进幼儿良好品质的形成

在整个游戏过程中，幼儿始终保持愉悦的游戏状态，主动探索新玩法，促进了他们的主动性、专注性等良好品质的形成。

2. 促进幼儿建构技能与动作的发展

从用PVC管铲泥到用PVC管运泥，在探索中促进幼儿连接、支撑、架空等建构技能的发展。在游戏过程中，搬运材料、不断地重复着敲泥的动作，促进了幼儿手部肌肉以及身体动作的协调发展。

3. 促进幼儿的社会性发展

在游戏过程中，小允负责搬运材料、敲泥墙，迪迪负责压平泥土与扶住PVC管，他们分工明确，互相协作，不仅体会到了游戏的乐趣，还提升了沟通技巧和社交能力。

（五）引反思

1. 放手游戏，发现幼儿

教师作为游戏的观察者、支持者、记录者，在没有安全风险的前提下，要闭住嘴，管住手，睁大眼睛，竖起耳朵，充分信任幼儿，给幼儿足够的自由探索的空间。在本次游戏中，教师通过放手，发现了幼儿天生具有主动学习的意识与能力。

2. 支持游戏，理解幼儿

在本次游戏中，教师根据环境特点和各年龄段幼儿的发展水平，提供低结构的游戏材料，如锅碗瓢盆、竹筒、PVC管等，支持幼儿的游戏，理解幼儿的游戏行为。

3. 持续游戏，促进发展

教师要保证幼儿有充足的户外游戏时间，游戏周期较长可以促进幼儿的深入探究，提升每个幼儿在亲身体验后的经验，让户外真正成为幼儿自主探索、自主游戏的乐园。

钓鱼欢乐多

【游戏背景】

积木是深受幼儿喜爱的建构材料，多种长度和形状的积木能够满足幼儿不同的游戏兴趣，让其充分感知探索积木的世界。这天，骏骏坐在阶梯边，拿一块三角形积木当钓鱼竿，化身小渔民，开启了他的钓鱼之旅！

【游戏过程】

户外自主活动开始啦！幼儿纷纷挑选心仪的材料。骏骏拿来三角块积木当钓鱼竿，坐在阶梯上钓鱼。突然，他兴奋地说："你们过来看，我钓到了好多鱼。"小伙伴们听到后纷纷跑过来加入他的游戏，他们拿来了很多材料，有的用长方块做钓鱼竿，有的用三角块做钓鱼竿，还有的用长方体做钓鱼筒，他们有说有笑，开心地钓鱼。只见骏骏认真地观察着水面说："我找到一只螃蟹。"小伙伴们听到后，争先恐后地去捉螃蟹，然后他们兴奋地把捉到的螃蟹放进钓鱼桶里，继续转动鱼竿，抛出鱼线钓鱼。不一会儿，骏骏眺望远方，兴奋地说："你看，我钓到了一条大鲨鱼，真厉害！"

钓鱼

幼儿们充分发挥想象力，开始他们的钓鱼游戏。这时，小允想到了一个好主意，他把三角块、正方块、长方体积木丢在地面上，跳到"河"里抓鱼，只见他双手各拿一根长方块当鱼夹，夹地上的正方块鱼，夹不起来；夹三角块鱼，还是夹不起来；夹长方

体鱼，刚夹起来一点点就掉下去了。他再次尝试，用力一夹，一翻，积木鱼还是滑下来了。小允反复尝试了几次，不断调整夹鱼的位置，夹太上会掉，太下也会掉。最后，他把长方块平铺在地面上，手放在中间，一立、一夹、一抬，双手紧紧夹住，放在钓鱼盒里，高兴地对老师说："看！我捉的鱼。"

夹鱼

【教师的发现】

（一）初体验——游戏的发展出现阶段性变化

骏骏在钓鱼的过程中，从刚开始的练习性游戏，依靠直接感知和实际动作进行简单重复的游戏，到后来吸引越来越多的小朋友参与游戏，游戏的场景也从活动区延伸到阶梯，幼儿把阶梯分为两部分，阶梯上为钓鱼处，阶梯下为鱼池；把长方块、三角块积木当作钓鱼竿，化身小渔民开始钓鱼之旅。

（二）创玩法——游戏内容的扩展与丰富

小允从钓鱼到捕鱼，材料的使用从长方块积木到钓鱼竿再到捕鱼夹。材料使用的转变→游戏玩法的递增→游戏水平的提升。

（三）获经验——生活经验的梳理

骏骏利用积木玩钓鱼的游戏，是生活经验的再现；小允发挥自己的想象力，创造性地把生活经验融入游戏中，并且在探究中掌握了夹鱼的技巧，获得了钓鱼的新经验。

（四）促成长

1. 促进幼儿良好品质的形成

在整个游戏过程中，幼儿始终保持喜悦的游戏状态，主动探索新玩法，促进了他们主动性、专注性等良好品质的形成。

2. 促进幼儿多领域融合发展

健康领域：在钓鱼游戏中，骏骏抛线钓鱼，鱼上钩后，快速转动轮子收线，把鱼从钩子上拿下来放进桶里，这一系列动作促进了幼儿精细动作的发展；在捕鱼游戏中，小允通过两个长板把鱼夹住放进桶里，这促进了幼儿手部肌肉的发展以及身体的协调性发展。

语言领域：在游戏过程中，幼儿会与老师或同伴分享游戏的喜悦，骏骏说："看！我钓到了金枪鱼。"游戏提高了幼儿交流的积极性，他们能用简单的字词表达自己的想法，进一步扩展词汇量。

社会领域：在钓鱼游戏中，幼儿扮演着小渔民的角色，把社会生活经验迁移到游戏中，增强了他们的社会角色意识，让他们了解角色所对应的社会行为。

科学领域：在捕鱼游戏中，小允夹扁扁鱼、三角鱼夹不起来，肥肥鱼一下就夹起来了，让幼儿初步感知了大小形状匹配等概念，萌发了观察、动手、比较和判断的能力。

艺术领域：绘画表征作品并与朋友交流分享自己的感受和想象。

（五）引反思

教师根据环境特点和小班幼儿的年龄与发展水平，提供种类少、数量多的游戏材料，营造自由宽松的游戏氛围，并保证幼儿有充足的游戏时间。在观察幼儿与材料、环境、同伴间的互动过程中，教师以默默靠近的方式关注并支持幼儿的游戏进程，尊重幼儿的游戏意愿，相信他们具有无限的潜力。

惊险"爬梯"

【游戏背景】

前段时间幼儿都喜欢玩爬网，有一天，烨烨搬来了竹梯架放在爬网旁，这吸引了同伴的兴趣，好多幼儿由此纷纷参与玩爬梯的游戏。这天，烨烨又搬来了长竹梯，几个小伙伴开始了游戏。

【游戏过程】

户外游戏开始了。烨烨和几个小伙伴一起搬来了梯子架在了爬网的网门处。突然烨烨冲着梯子方向喊："哎呀！爆炸啦！快下来，快下来！"紧接着他又说："待会儿把你炸成一个小乳猪。"孜旭抖着身子说:"快点儿!下来!"顺着他们的视线看,原来是芷曦在梯子上面正慢慢地倒着往下爬。

把长梯架到爬网

一旁的钟正搬来了另外一把梯子。孜旭说:"哇,梯子好长啊!"于是孜旭、钟正、兴锐三个男孩子一起举着梯子,也想把梯子搭在网口处。然后宏煊一边叫着烨烨一边走过来说:"你看!"这时没有搭稳的梯子滑了下来,烨烨连忙抬手接住了滑下来的梯子,梯子正好卡在原本摆放的梯子上。

梯子卡住了

烨烨看见芷曦已经顺着梯子从爬网上爬下来了,正打算爬上梯子,这时一旁的长梯子又顺着短梯子往下滑落,烨烨只好停下脚步,双手推开长梯子。钟正走了过来,他双手举着梯子,将梯子重新搭在网门处。后来孜旭正打算顺着梯子往上爬,烨烨见状,拉着孜旭说道:"啊!小朋友下来,别上去!下来!下来!"一边说一边拉着孜旭的胳膊。

芷曦爬上长梯

钟正正从爬网的一侧往上爬，芷曦则爬上了长梯子，突然长梯子倒了，老师及时地接住从梯子上滑下来的芷曦，从爬网上去的钟正将滑落下来卡在短梯子上的长梯子抬了起来，重新放在网门上，然后又回到了爬网上。他挪动着身体，开始调整长梯子的位置，他先拉了一下长梯子，又挪动了一下自己的位置，然后他将梯子抬到了一旁，离开了。

老师接住了芷曦

这时孜旭从短梯子上爬了上来，突然孜旭尖叫了起来："啊！我会摔跤的！"原来是烨烨在梯子的背后推孜旭的脚，孜旭："不要！我会摔跤的！"烨烨离开了，孜旭成功地爬了上去。烨烨在一旁指着说："从这个梯子上来，从这个爬下来。"孜旭回头看了一眼，将原本迈向爬网的脚收了回去，改为向长梯子迈过去。

回归游戏　幸福童年

老师接住了孜旭

　　宏煊和烨烨在梯子的下面，宏煊："给我！"烨烨："等一下我就给你了。"孜旭则在慢慢地往下爬。这时，伴随着尖叫声，长梯子再次滑落下来，老师及时地接住了孜旭，孜旭一边小声说着"别再弄。"钟正则说道："还没弄好呢。"落地的孜旭拍着长梯子喊道："别再弄了！"钟正依旧继续调整着梯子的位置，兴锐也扶着梯子一起调整，孜旭看了看他们，还是选择加入了进来，游戏继续……

幼儿游戏的表达表征：

　　今天玩了数字宝宝，用放大镜找，我发现了1，把它带到明天就会变成2，找到2，妈妈说再过一天就能变成3，我还观察到4变成了5，4和5有相同的部分，1有横，4、5也

· 144 ·

有横，11、12、13、14、15、16、17、18、19、20、21、22、23、24、25、26、27、28、29、30、31、32、33、34、35、36、37、38、39、40、41、42、43、44、45、46、47、48、49、50、51、52、53、54、56、57、58、59，它们都长大了，这些数字都长大了！我在山坡的两侧找到了这些数字，我很满意，我把这些数字挂在梯子上，把它掰一点儿，挂上去，因为它们困了。——烨烨

【一对一倾听对话实录】

师：你今天玩了什么游戏呢？

烨：我今天玩了找数字宝宝的游戏。

师：是怎么找的？

烨：用放大镜找的！

师：那你发现了什么？

烨：我发现了1！我把他带到明天就会变成2，找到2，妈妈说，再过一天就能变成3，我还观察到4变成了5。

师：哦！是怎么变的？

烨：4和5有相同的部分，1有横，4和5也有横，它们都长大了。11、12、13、14、15、16、17、18、19、20、21、22、23、24、25、26、27、28、29、30、31、32、33、34、35、36、37、38、39、40、41、42、43、44、45、46、47、48、49、50、51、52、53、54、56、57、58、59，这些数字全部都长大了！

师：然后呢？还发生了什么？

烨：我在山坡的两侧找到了这些数字，我很满意，我把这些数字挂在梯子上。

师：你是怎么把它挂上去的？

烨：把它掰一点儿，挂上去。

师：为什么把它们挂上去呀？

烨：因为它们困了。

师：原来是这样！

【教师的发现】

当教师发现烨烨的表征延续了昨天的内容，依然和看到的游戏内容并不一样时，老师第一时间找到烨烨进行一对一倾听。原来，烨烨每天都记录着与数字有关的游戏故事，而且每天的表征内容、一对一讲述游戏故事里的数字也不断地增加，每天都有惊

喜，让老师不断有新的发现。

（1）教师的放手与退后是基于安全保证的前提，当教师发现危险时要第一时间靠近。教师时刻关注幼儿，当发现安全隐患时，教师及时调整站位，选择默默靠近的方式保护孩子，给予幼儿支持与鼓励。在爬梯游戏中，芷曦和孜旭因爬梯不稳差点儿从上面摔下来，教师第一时间靠近并接住了他们。同样，幼儿有非常强的自我保护意识，他们一次又一次尝试爬梯，敢于冒险和挑战，在游戏中获得安全意识和自我保护的能力；烨烨多次提醒同伴梯子不稳固，一边着急一边调整梯子，担心同伴受伤，烨烨具有评估危险的能力和安全意识。

（2）在不断的倾听中更加理解幼儿的游戏。教师看到的就真的是幼儿心中所想吗？如果不跟烨烨进行一对一交流，教师不会知道他的数字宝宝的故事，也不知道他在爬梯游戏中竟然在玩数字宝宝的游戏，更不知道烨烨对数字的发现，数数竟能数到59！真的很惊喜！

教师的放手与退后，不仅表现在游戏中，游戏后的故事表征、一对一倾听更是要放手，要营造自由宽松的游戏氛围，尊重并信任孩子，让孩子在自由、自主、轻松、愉快的游戏环境里大胆想象，想说，敢说，大胆说；教师要真正蹲下来靠近幼儿，尊重幼儿，让幼儿在真正的自主游戏中，上演绚丽多姿的花样故事！

漂浮游戏

【游戏背景】

幼儿对玩水区充满了兴趣，喜欢玩各类漂浮游戏，漂浮的竹子、漂浮的奶粉罐、漂浮的垫子等，让我们走近幼儿，和他们一起体验漂浮之旅！

【游戏过程】

游戏一：漂浮的竹子

玩水池边，幼儿正在玩着浮沉游戏，学睿专注于触碰、探索漂浮在水上的三根竹子，不时地用脚踩一踩，用手推一推，三根竹子散开他又将它们合拢在一起；他坐在竹子上，用脚尖踩地，尝试让竹子与他一起向前移动，只见他挪动了两步，竹子就散开了。学睿起身，把竹子往水池的中央推去，再把三根竹子合拢在一起，再次坐在竹子上，这次，他用双手抓住竹子的前端，两脚娴熟地在水中大步地向前踩去，可是竹子还是散开了。

探索漂浮的竹子　　　　　　　　　　　竹子散开了

游戏二：漂浮的奶粉罐

宸语拿了四个奶粉罐，迫不及待地往水池里去，他把奶粉罐排成一排，边往奶粉罐里装水边说："不能让它浮起来，但是可以把它沉到水里坐着啊。"接着又拿了四个奶粉罐，往里装水，排了第二排，奶粉罐没有浮起，宸语坐在上面快乐地享受着自己的成果。

奶粉罐装水

愉杰和学睿在摆弄着竹子，学睿拿来了两条绳子，愉杰先尝试把竹子绑在一起，绑好后他不小心一踢，竹子就散开了，接着学睿又换了种方法绑，可无论怎么绑，竹子还是散开了。幼儿不断尝试着不同的方法，还是以失败而告终。

绑竹子

游戏三：漂浮的垫子

第三次游戏开始啦，孩子们又来到了玩水池边。孩子们没有着急下去，他们在干爽的地方，用自己的办法尝试组装垫子和矿泉水瓶。茗鸿先把三张垫子拼在一起，然后用胶带一块一块地粘稳，粘着粘着，越来越多的幼儿加入游戏，大家一边把垫子拼起来，茗鸿一边用胶带粘起来，垫子越拼越长，邓茗看了看说："太长了太长了，水池都没有那么长。"说完，大家开始把垫子拆分缩短。这时振兴又在垫子的边缘粘上矿泉水瓶，茗鸿见状也去拿矿泉水瓶，大声地和大家说："全部粘上这个瓶子就有浮力了。"茗鸿又说："快点儿全部粘上瓶子，我们要增加浮力，等下沉下去，我们的衣服都湿了。"但垫子还是没有浮起来，于是他们又开始商量，茗鸿说："要不我们把垫子的数量增多一些，看看怎么样。"宸语说："好啊。"说完就拿着几块垫子跑去水池把垫子垫高，并放入水中尝试，看到垫子终于浮了起来，他兴奋地说："成功啦！成功啦！"

拼接垫子

把垫子垫高

幼儿游戏的表达表征：

> 我在玩一个游戏，越来越多人加入我，有工具，我把那些拆掉，我们想了一个办法，用胶布，我们就把玩具（垫子）连起来了，又发现有漏洞，我又拆掉，我用剪刀剪掉，又用胶布连起来了。
>
> ——邓茗鸿

【教师的发现】

（1）通过游戏可以真实地反映出幼儿在现实生活中的情况。漂浮游戏是幼儿在了解船在水上漂的经验基础上，在游戏的过程中以物代物，用竹子、奶粉罐、垫子代替小船，创造性地反映现实生活。

（2）在游戏中，幼儿的基本动作、运动协调能力可以得到发展。学睿"用脚踩一踩，用手推一推"的动作，腿部大小肌肉得到了锻炼；更增强了幼儿的平衡能力和身体协调性。

（3）促进了幼儿感知能力、思维能力以及想象能力的发展。游戏蕴含着丰富的发展价值。幼儿运用不同的材料探索出不同的玩法，遇到了困难——垫子浮不起来，幼儿交流探讨，通过亲身体验、实际操作去验证猜想，得出结论：一块垫子承受不住一个人的重力，需要增加垫子。幼儿在玩中学，玩中进步，在游戏中完整地体验了"发现问题—提出猜想—实验探究—行动验证"的科学探究过程。

（4）教师要学会放手，鼓励幼儿自主探究。教师要及时调整材料，可以多提供各类材料，如竹子、矿泉水瓶、垫子等，满足幼儿的游戏需求，丰富游戏的内容，推动游戏的发展；持续关注幼儿，给予支持和鼓励。

有趣的滑草车

【游戏背景】

幼儿对小山坡非常喜爱，很多幼儿喜欢将材料带到山坡上玩。一次偶然的机会，中班的幼儿在经过小山坡时看到大班的哥哥姐姐在玩滑草车，于是对滑草车产生了浓厚的兴趣，纷纷表示想尝试一下。

【游戏过程】

游戏一：滑草车初探索

游戏开始了，萱萱将滑草车搬到山坡上，耀耀第一个坐上了滑草车。"扶稳咯！"萱萱双手拉着滑草车的绳子，弯着腰身体稍稍向后，一路小跑拉着滑草车从山坡上滑下。滑草车在平坦的草地上成功停下，依依紧跟着跑过来，大喊着："萱萱！萱萱！""我们一起玩这个呗。"依依便和萱萱一起将滑草车拉到山坡上面，依依快速地坐上了滑草车，滑草车重新出发，萱萱笑着问："好玩吗？"依依没有回答，脸上却流露出了十分享受的表情。耀耀、依依、萱萱三个人拉着滑草车跑上山坡，依依说："我们可以两个人一起玩。"依依先是坐上滑草车，紧接着耀耀也坐在滑草车的后面。"让我来拉你们！"萱萱边说边拉着滑草车向下跑，可滑草车却滑得很慢。浩浩见状跑过来帮忙，滑草车开始加速了，依依和耀耀的双人滑草成功了。

滑草车初探索

游戏二：搭建垫子滑道

萱萱独自走到材料收纳处拿了两块垫子，吃力地拿着垫子往山坡上走："快来帮我呀！"依依听到声音后便从山坡上跑下来，帮助萱萱一起拿垫子。萱萱将垫子一块接着一块地铺在小山坡上，依依和耀耀则是早早地就在滑草车上面坐好了，萱萱小朋友弯下腰拿起了绳子，身体向后倾，滑草车就慢慢启动了，一直从垫子上滑到草地上才停下来。她们又重新回到垫子轨道上进行了多次尝试，依依指着耀耀大声说："轮到你啦！""5、4、3、2、1……"萱萱和依依正在为耀耀的滑草倒数着，耀耀选择背坐在滑草车上，萱萱说："你坐反啦！会摔跤的。""摔跤就摔跤咯！"耀耀回答道。话音刚落，依依就拉着滑草车出发了，耀耀成功地滑到了草地上，三个小伙伴欢快地笑着说："成功了！成功了！"

搭建垫子滑道

幼儿游戏的表达表征：

> 我和依依、耀耀一起玩滑草车，然后把车子放在垫子上滑，车子就快了一点儿。
>
> ——萱萱

游戏三：搭建梯子滑道

萱萱拿了两个竹梯放在了小山坡上，将两个竹梯的头尾两端连接了起来。紧接着，她又拿了一块长板放在了第一个竹梯上面，形成了新的轨道。她先是把滑草车放在长板

回归游戏　幸福童年

处，调整好滑草车的位置说："那我先玩了。"只见萱萱把双脚放到了滑草车上，一只手拉着滑草车的绳子，另一只手扶着滑草车的边缘，在滑草车中不断地挪动着身体，滑草车在身体的带动下，沿着竹梯轨道一直向下滑。萱萱成功滑草后，依依跑过来说："我也想玩！"萱萱听后马上从滑草车上跳下来，依依便拿起滑草车问："这是怎么玩的呀？""我教你。"她们边聊边走上了小山坡，依依坐在滑草车上，萱萱在背后帮助依依扶稳滑草车，说："你脚不要动就好了。"这时，依依把双脚放进了滑草车里面，双手也拉好了滑草车的绳子，但滑草车还是没有启动。萱萱便用脚轻轻地一推滑草车，滑草车开始前进了，依依的身体慢慢向前倾，在身体的带动下，滑草车不断滑行，最后依依也成功地从梯子上滑了下来。

搭建梯子滑道

幼儿游戏的表达表征：

我今天玩滑草车，先去山坡拿梯子，在上面滑的时候屁股好抖，都要开花了，后来我又用长板，好滑，都滑出去了。

——萱萱

【教师的发现】

（1）孩子学会了主动地、积极地学习。简单的一辆滑草车在增加了垫子、竹梯之后，玩出了新的花样，不得不说，幼儿在自主游戏中的学习和发展有些是教师都无法给予的，他们在游戏中通过自身的观察、发现、思考、实践来探究和解决问题，此时的他们既是一个快乐的游戏者，又是一个主动的学习者、探索者。萱萱与小伙伴改变了三次游戏主题，初探滑草车—垫子滑道—梯子滑道，随着材料的变化，幼儿的游戏难度越来越大，当遇到垫子卡住滑草车时，他们会通过认真观察，发现垫子连接处出现了缝隙，猜想应该是造成滑草车不能向下滑动的原因，于是进行了调整，也验证了自己的猜想。幼儿在游戏中体验了不同材料做成的滑道速度是不一样的，感知并理解接触面光滑和粗糙的特性及影响滑行速度的快慢。如在垫子滑道滑行比在地面快些，梯子滑道又会比垫子滑道快，发现竹梯滑行速度最快，最好玩。

（2）游戏中的幼儿是持之以恒、团结合作的。萱萱是游戏的发起者和组织者，在户外1个多小时的自主游戏里，有同伴请求加入和分工合作，遇到问题能够寻求同伴的帮助。在萱萱想搭建垫子滑道搬运垫子感到吃力时，大声地呼喊同伴："快来帮我呀！"而依依在听到萱萱的请求时，毫不犹豫地跑过去帮忙，搭建好了垫子滑道。在依依也想玩梯子滑道时，萱萱主动地传授滑行的方法，并协助依依成功滑行，体验了社会交往的乐趣。

（3）教师给予幼儿更多的鼓励、信任和放手。教师在整个游戏过程中，退后、观察，相信幼儿，理解幼儿的思维，尽可能地支持幼儿的自主探索和学习，不断追随幼儿的意愿。幼儿将一些材料进行简单的组合，比如加入了梯子和木板，搭建出新的轨道。他们从双人滑草车到想尝试独自滑草车，虽然幼儿只是在小山坡上重复地滑上滑下，但这也是幼儿对滑草车在山坡上滑行的探索和尝试。整个过程中教师始终处在静心观察的状态，尊重幼儿的意愿，正确看待幼儿在游戏中重复性的行为，给予幼儿探索的时间和空间。

（4）丰富游戏材料，提供有效游戏活动支持。在游戏中，教师要鼓励幼儿多尝试用不同的方法进行探究，从游戏中思考幼儿的真正需求是什么，材料是否充足等，做好环境、材料、游戏时间上的支持。

奥利魔力转圈圈

【游戏背景】

索道区的滑轮坏了，孩子们无法进行滑索游戏，但即使这样，依然无法抵挡他们对索道的热爱。游戏时间到了，孩子们争先恐后地跑到场地上，多个孩子朝着绳索跑了过去，悦悦第一个拉住了绳索。她成为绳索游戏的主角，在这里和同伴发生了有趣的游戏故事。

【游戏过程】

游戏一：独自荡秋千

索道区的游戏开始了，悦悦小朋友快速地跑到了索道中间，捉住了滑索滑板的绳子，她坐在了滑板上，双腿并拢夹住绳子，熟练地往后退了几步，再把脚轻巧地抬起来，让滑板随着惯性摆动了起来。今天是悦悦小朋友第四天在这里"荡秋千"了。她边荡秋千嘴里边发出愉悦的声音，还不忘告诉旁边的雨雨："好刺激呀！雨雨。"

独自荡秋千

游戏二：轮流荡秋千

不远处的杰杰小跑着过来，他对正在荡秋千的悦悦问道："到我了没呀？"悦悦毫不犹豫地从秋千上下来，爽快地把秋千让给了杰杰，还把自己的经验告诉了杰杰，"闭上眼睛更刺激"，然后她就开心地走到了一边，看杰杰荡秋千。游戏中她发现了杰杰的帽子歪了，她边走过去边说："哎呀！快停下来，你的帽子歪了。"看杰杰没有停下来，她又试图拉了一下滑索的绳子，再次用欢快的声音对杰杰说道："停下来停下来，你的帽子歪了。"这时杰杰停了下来，悦悦走了过去，细心地说道："等一下，我帮你弄。"她用手轻轻地帮杰杰调整帽子，转动了几下后，她看了看说："可以了。"杰杰再次荡起了秋千。过了一会儿，悦悦说："到我了没？"杰杰听到后马上把秋千还给了悦悦，悦悦又再次坐上了"秋千"，荡了起来。

轮流荡秋千

游戏三：转圈荡秋千

悦悦在秋千上扭动身体，让秋千不再只前后晃动，而是转起圈圈来，她开心地说着："好刺激呀！"转了两圈后，她停下来开心地对着远处正在游戏的初雨说："雨雨，我刚才奥利魔力转圈圈了，好搞笑的！"雨雨在玩其他的游戏并没有回应她，她又继续荡了起来，嘴里小声地说着："奥利魔力转圈圈！"

转圈荡秋千

游戏四：助力荡秋千

这时钧钧走了过来，钧钧用他的双手推悦悦的后背，让悦悦的秋千荡起来，推了两次后，悦悦用温柔的声音问钧钧："你干吗呀？"钧钧说："我帮你。"他继续用双手推动着悦悦，嘴里发出开心的笑声。悦悦的秋千再次转起了圈圈，钧钧问道："这样好玩吗？"悦悦开心地笑着说："好刺激。"每次秋千荡回来时，钧钧就用力地推一把，让秋千荡得更高。

助力荡秋千

游戏五：众人荡秋千

彤彤过来了，她看见开心荡秋千的悦悦，也对秋千产生了兴趣。她对悦悦说："我也想玩。"悦悦把秋千让给了彤彤，彤彤坐上了秋千，轻轻地晃动着。杰杰过来说："到我玩了没？"彤彤没坐稳掉到了草坪上，三个人互相看了看，开心地笑了起来。彤彤站起身退到了一边，杰杰迅速地坐上了秋千，荡了起来。萱琪被她们开心的叫声吸引了过来，她说了句："我来推你。"她用双手开心地推动着杰杰。杰杰享受着萱琪的助力，开心地笑着。过了一会儿，悦悦抓着秋千的绳子用娇滴滴的声音说："到我了到我了！"杰杰便停下来还给了悦悦，悦悦再次开心地荡起了秋千，发出了满足的声音，享受着秋千晃动、旋转带来的快乐。

众人荡秋千

下篇　游戏观察

我荡秋千时看到了小屋子里有两个楼梯，可以拿垫子上去玩，还看到了云朵、太阳，闭上眼睛的时候在原地飞来飞去，很刺激，慢的时候不刺激，快的时候才刺激。扶手太高了，我拉不到，只能拉住绳子，秋千有点儿快又有点儿慢的时候就转圈圈了，很快的时候没有转圈圈。黎裕杰带何洛宜来玩荡秋千，我们三个人轮流玩，何洛宜说好怕不敢玩，我就推她，我推不动，所以黎裕杰来推。

——悦悦

悦悦的游戏表达

【教师的发现】

（1）发现了幼儿的发展。一是健康领域的发展。荡秋千能提高幼儿的身体平衡能力、专注力、判断力，以及手眼协调的能力。悦悦自主地选择自己喜欢的游戏材料和游戏方式，愉悦地进行游戏。独自荡秋千时她探索到"闭上眼睛更刺激""奥利魔力转圈圈"，感受闭上眼睛荡秋千和旋转带来的乐趣。二是社会领域的发展。悦悦在自己快乐游戏的同时，还关注同伴的游戏，并跟自己的好朋友分享自己的发现。悦悦把秋千让给了同伴杰杰，跟杰杰分享了自己的体验（"闭上眼睛更刺激"），当发现杰杰的帽子歪时，能友好地提醒并帮助他调整好。在游戏中，教师惊喜地发现幼儿之间能友好地相处、互相帮助、互相谦让，在轮流游戏的过程中，建立规则意识。悦悦的游戏从独自荡、轮流荡、转圈荡、助力荡再到最后的众人荡，游戏的玩法发生了变化。三是语言领域的发展。悦悦在游戏过程和游戏的表达表征中，不断丰富词汇和语言表达的流畅性。

（2）发现幼儿有解决问题的能力。悦悦在荡秋千时发现扶手太高了，自己够不着，所以拉住秋千的绳子。悦悦将游戏中遇到的问题，以及她解决问题的办法先告诉老师，能够较完整、流畅地阐述自己的游戏过程和感受。

（3）环境材料的支持与教师放手和退后。教师在户外游戏前检查户外场地，保证场地的安全，为幼儿提供自然、舒适的游戏场地。提供数量充足、低结构的游戏材料供幼儿自主选择。教师在游戏场上对游戏进行持续的关注，在幼儿没有危险时，选择放手和退后，通过表情和眼神给予幼儿支持和肯定，让幼儿自由自主地探索游戏的乐趣。

海岛上的桥

【游戏背景】

经过两周的持续观察与倾听，发现孩子们对于挖河道、挖鱼塘等游戏产生了浓厚的兴趣，他们主动探究"水的冲击力""水到哪里去了？"等问题，在好奇心与探究欲的驱使下，海岛上的桥诞生了。

【游戏过程】

游戏一：挖一座海岛

户外活动开始了，欣欣和柔柔拿了一把铲子走到沙池里堆沙。

挖海岛

欣欣："我姑姑去海南岛旅游了，我也好想去海南岛玩。"

柔柔："可以啊，我们自己堆一个'海南岛'吧。"

欣欣接来一桶水，往堆起的土堆四周倒，可是水很快就消失了，柔柔说："水太少了，我们再去加点儿吧！"可添加了几次水后，土堆四周还是没有水。

柔柔："水怎么不见了？"

欣欣："水太少被沙子吸走了。"

柔柔："那该怎么办呢？"

欣欣："我们把鱼塘连起来，就有很多很多水啦！"

孩子们马上行动起来连接鱼塘，越来越多的小伙伴加入进来，她们用铲子，把"海面"拓宽,"海底"挖深,一座"岛"初见成形。

游戏二：搭建桥

海岛建好后,两个女孩在岛上唱歌、跳舞。旁边的宁宁小朋友被深深地吸引住了。

搭建桥

宁宁："我可以和你们一起玩吗？"

柔柔："可以啊，我们一起玩。"

宁宁："我没有穿雨鞋，上不去。"

欣欣："没关系，我们建一座桥，你再上来，就不会踩到水了。"

孩子们用沙子堆桥，桥建好后，宁宁走上去，桥塌了。孩子们又重新堆桥，尝试了几次还是会塌。

教师："小朋友们，怎么啦？"

欣欣："桥总是塌，宁宁都上不去。"

教师："桥为什么会塌？"

柔柔："沙子软绵绵的。"

欣欣："对了，我们不用沙子，找找其他材料。"

游戏三：上岛啦

柔柔把木棍放在"沙桥"上，运用铁铲支撑着摇摇晃晃地走过桥，一不小心，掉海里了。

柔柔："木棍桥不坚固，走得脚好疼。"

欣欣："木棍太窄了。"

柔柔："我们换宽的吧。"

欣欣："可以用砖块。"

孩子们去材料区找来五块砖铺在海底，又将沙子铺在砖块上，柔柔小心翼翼地走上去，感觉桥很坚固，她兴奋地说："成功啦！宁宁，快上来玩！"

桥通了

【教师的发现】

（1）发现幼儿在游戏中的学习与发展。沙与水是大自然最基本的元素，也是幼儿最喜欢、最具探索性的自然材料。孩子借助铲子与沙水进行互动，围绕"挖一座海岛"展开，当发现"水怎么不见了？"幼儿通过交流探讨，发现水的流动性，得出"沙子吸水"这一自然现象。幼儿在用木棍建桥时，发现木棍桥很窄，走起来硌脚。通过观察、比较与验证后，发现砖块宽而稳，再铺一层沙子，砖块桥建成了。《3~6岁儿童学习与发展指南》中指出：幼儿的发展是一个持续、渐进的过程。建桥游戏中蕴含了丰富的经验价值，幼儿在发现问题、解决问题中助推游戏经验不断螺旋上升，推进发展了思维能力、解决问题能力；在反复铲沙挖沙的动作中发展了大肌肉动作。

（2）顺应和追随孩子。兴趣是所有活动持续开展的前提，它能把幼儿的认知和行动结合起来，使幼儿能够积极开展游戏活动，我们要及时捕捉幼儿的兴趣，让兴趣助推游戏持续开展。教师持续关注幼儿的兴趣，本次游戏的开展源于幼儿"想要挖一座海岛"，通过捕捉这一关键点，教师能顺应幼儿的兴趣，始终追随幼儿，观察幼儿的游戏发展与变化，关注孩子的需求，尊重和信任他们，放手让他们去发现、去探究，推动游戏持续开展。在游戏中，幼儿遇到问题时，教师应放手、鼓励幼儿发现问题，如"水怎么不见了？""桥为什么会沉下去"等，帮助幼儿建立问题意识，激发幼儿持续探索的欲望。

第八章　游戏观察案例

滑道轮胎"对对碰"

【游戏背景】

（一）游戏缘起

综合活动区投放了各类长板、梯子、轮胎等材料，可供幼儿自由组合、自由搭建。子桑和戈戈用长板、双梯搭建了一个"滑梯"，用轮胎玩"对对碰"游戏。"什么材料适合铺设滑道？""什么材料适合做围栏？"引发孩子们的思考，一场游戏探索之旅即将开始……

（二）游戏条件

1. 游戏环境创设

空旷、自由、不受区域限制、配备遮阳帘的塑胶场地，可就近取材，分类摆放低结构游戏材料。

2. 游戏材料准备

不同高度的双梯、不同长度的单梯、不同长度的单长板、带卡扣长板、轮胎、小拖车等。

3. 幼儿的兴趣和前期经验

（1）幼儿的兴趣

幼儿喜欢选择可移动、可组合、多变化、能操作的低结构材料，喜欢用一定的方法验证自己的猜测。

（2）前期经验

幼儿知道轮胎在高处能随着重力的作用顺着轨道向下滚动，获得前期游戏经验。

【游戏过程】

游戏一：一搭——滑梯轨道

1. 过程实录

　　天空下着微微细雨，孩子们穿好雨衣装备开始游戏。子燊和戈戈撑开两个双梯，竖立在地面上，又拿来一块长板，将它卡在阶梯上，形成一个"滑滑梯"，其他小朋友抱来长板和单梯，一块接着一块拼成轨道，将两个"滑滑梯"连接起来，用单梯当护栏，"滑梯轨道"成功啦！

寻找适合做轨道的材料

　　子燊和戈戈一起将轮胎推向"滑梯"的最高处，子燊说："滑下去，三、二、一！"轮胎顺着滑道滚下来把旁边两个单梯围栏撞倒了。子燊发现轮胎脱离轨道的原因是轨道中有一段是单梯铺在地上不平滑，会把轮胎弹起来，他马上把单梯换成长板，并加了一道护栏，防止轮胎滚出来。

把单梯换成长板

2. 观察思考

（1）幼儿的发展

在搭建过程中，幼儿通过观察发现长板比单梯更适合作为轮胎轨道，感受材料间不同的特征。

发现问题	解决方法	品质表现
幼儿发现单梯平铺在地面上不适合做轮胎滚动轨道	幼儿用长板替代单梯，长板表面光滑更适合做轨道	幼儿能通过观察比较与思考分析发现不同种类物体的特征

（2）教师的支持

根据幼儿的兴趣需要和已有经验，提供适宜幼儿活动的空间和低结构的游戏材料，耐心观察幼儿的行为。

游戏二：二调——围栏材料

1. 过程实录

戈戈和棋棋同时把轮胎放在最高处，子燊指挥着说："别给它撞倒了，滑呀！"戈戈和棋棋同时放手，轮胎顺着滑道滚下来，戈戈的轮胎滚出了轨道，棋棋的轮胎顺着轨道一直滚到中间，把围栏全部撞倒了。

围栏撞倒了

子燊用拉车搬来一个双梯，把双梯放倒做围栏，子燊说："这个才稳。"接着，戈戈再次拿起轮胎向下滚，撞到双梯晃了一下，没有倒下来。他们又重新调整，将双梯打开，像三角形一样，侧放在轨道旁做围栏，子燊说："这样超稳的！"

把双梯打开做围栏

2. 观察思考

（1）幼儿的发展

在游戏中，幼儿发现平板和单梯作为轨道的围栏，很容易被轮胎撞倒。通过一次次的调整尝试，发现双梯比单梯重，而且撑开后更牢固，幼儿在探究的过程中积极动手动脑解决问题，验证猜想。

发现问题	解决方法	品质表现
幼儿发现平板和单梯做轨道的围栏，每次都容易被滚下来的轮胎撞倒	幼儿找到双梯做轨道的围栏就不那么容易被撞倒，如果将双梯打开侧倒在地上就更加牢固	幼儿在探究的过程中积极动手动脑寻找答案或解决问题，用一定的方法验证自己的猜测：双梯做护栏更稳定

（2）教师的支持

教师为幼儿提供能操作、多变化、多功能的游戏材料，例如，双梯立起来的时候能作为滑梯，它倒下的时候又可以作为围栏。

游戏三：三创——滑梯"对对碰"

1. 过程实录

戈戈和棋棋分别坐在两个双梯的顶部，旁边有两个小朋友负责帮他们拿起轮胎，放到滑梯的最高处，子燊负责发号施令："三、二、一，滑！"戈戈和棋棋的轮胎同时滑下来，撞在一起，戈戈兴奋地说："对对碰，滑梯对对碰！"

轮胎滚下滑梯

2. 观察思考

（1）幼儿的发展

幼儿将日常生活中的滚轮胎迁移到游戏中，相互合作，并制订游戏规则和玩法：两个轮胎相互在轨道里碰撞，而且轨道的护栏不会被撞倒。

（2）教师的支持

教师组织游戏分享活动，和孩子们讨论在滑道轮胎"对对碰"过程中，遇到的各种问题，引发幼儿思考，让幼儿能够倾听同伴想法并能大胆发表自己的观点。

游戏分享活动

【幼儿游戏的表达表征】

子桑运用符号、线条、色彩等方式，将自己的游戏故事画下来；教师通过一对一的方式，将绘画记录转化为文字记录，子桑回顾了游戏中遇到问题和解决问题的过程。

今天我们玩了轮胎碰的游戏，刚开始用一个单梯铺上去轮胎不好滚动，刚好邓宝棋运货回来，就改用长板。开始时，用长板围老是倒，总站不稳，夹住都不行。后面我用一个双梯就稳了，我去别人那里借了六个双梯，围栏就不会倒了，厉害！

——子燊

子燊游戏的表达表征

【教师的分析与反思】

（一）游戏活动的特点

1. 一搭——滑梯轨道

幼儿用长板、双梯、单梯搭建了一个"滑梯轨道"，主动探究游戏中材料的使用特点，发现长板表面光滑更适合做轨道。游戏过程符合大班幼儿的年龄特点：能通过观察、比较与分析认识不同种类物体的特征。

2. 二调——围栏材料

幼儿发现长板和单梯非常不稳定，容易倒塌。通过不断地调整围栏材料，发现双梯更稳固，并发现三角形更稳定的原理。

3. 三创——滑梯"对对碰"

轮胎一次又一次地将护栏冲倒，孩子们互相配合，创造新玩法滑梯"对对碰"，共同体验游戏的快乐。

（二）幼儿学习发展的价值

（1）在滑梯"对对碰"中，遇到一些问题，例如，什么材料适合铺设滑道？什么材料适合做围栏？孩子们通过观察、比较与分析，一一验证自己的猜测，总结归纳出三角形更稳定的原理。

（2）在分享中，幼儿能够耐心倾听同伴的想法并讲述自己的观点，引发同伴多角度思考问题，将个体经验推广成为群体经验。

（三）教师的支持与反思

1. 环境支持的重要性

教师为幼儿在综合游戏区提供了宽敞、平坦的游戏场地；提供了分类陈列的标签标识，方便幼儿拿取、摆放；投放充足的游戏材料，支持幼儿搭建复杂结构游戏场景，激发幼儿的想象力与创造力，促进幼儿的合作与沟通，帮助幼儿在建构过程中不断积累经验，促进幼儿手眼协调、大小肌肉及力量的发展。

2. 教师支持的重要性

《3～6岁儿童学习与发展指南》中指出"支持和鼓励幼儿在探究的过程中积极动手动脑寻找答案或解决问题"。教师要充分相信幼儿，保障游戏安全，支持幼儿持续探究的品质以及多角度思考问题的能力。

3. 教师的反思

在今后的自主游戏中，教师应提升游戏观察能力，在观察孩子的游戏过程中，了解他们发现的问题和遇到问题不断地猜测、尝试、验证、努力寻找解决问题的方法。"提出问题—选择适宜的方法—推理假设—实证研究—交流分享"这是科学的探究过程，教师要为幼儿创造更多深度学习的机会。

来之不易的滑板车

【游戏背景】

（一）游戏缘起

小朋友们每一次进入木工坊都很兴奋，看着里面的锤子、钉子和锯子这些工具，他们一直在不停地讨论："这些是做什么的？""这些工具我见爸爸用过……""我们要戴上安全帽游戏吗？""这是什么？我们可以试一试吗？""我想用木头做一个房子"……孩子们还对木工作品非常感兴趣，并且有了设计制作的意愿，因此我们开始了"木工坊之旅"。今天，皓宸小朋友的奇思妙想出现了，他想要制作一个"滑板车"，因为家里妈妈买了一个新的滑板车，所以就萌发了这个想法。

（二）游戏条件

1. 游戏环境创设

走进木工坊，首先映入眼帘的是6张大大的操作台，可以让幼儿拥有足够大的操作空间，满足幼儿的不同需求。该区域设有遮阳棚、幼儿作品展示柜，用于放置幼儿的木工作品。

2. 游戏材料准备

材料柜里摆放的材料种类多样，标识清晰，教师以看得到、放得回为原则将这些材料进行摆放和布局。

金属材料：各类钉子。

工具材料：锤子、锯子、钳子、螺丝刀、尺子等。

防护工具：安全头盔、手套、护目镜，能够保障幼儿玩木工的时候的安全。

3. 幼儿的兴趣和前期经验

（1）幼儿的兴趣

"敲敲打打"是孩子的天性，孩子在面对锤子、石头等坚硬的物品时会产生用工具敲打的想法。而当木工坊里的锤子、钉子、锯子、木料和操作台展示在幼儿的面前时，更是激发了幼儿的新鲜感、好奇心。

（2）前期经验

幼儿已在木工坊玩了两周，对场地和材料也有了一定的了解，他们已经很清楚地知道每一种材料的名称和工具的用途是什么，也知道来到木工坊，只要是玩钉子、锤子、锯子等有危险性的工具的时候必须要做好安全防护才能进行游戏，做到木工安全之三戴：一戴安全帽，二戴护目镜，三戴安全手套。

【游戏过程】

游戏一：团结就是力量

1. 过程实录

皓宸与涛涛小朋友并排坐在一起，开始合作钉滑板车。皓宸："你钉这边，我钉那边。"涛涛点点头就开始钉了起来。皓宸："歪了！钉歪了！我这边已经锤进去了！"涛涛："我这边还没有。"皓宸立刻站起来帮涛涛锤他那一边，他毫不费力地就把涛涛那边的钉子也锤下去了。就这样，木棍固定在了两个圆柱体上，他们的第一步完成了。

合作钉木棍

接着，皓宸又去拿了一根长木棍和两根钉子，他把长木棍放在桌子旁边比了一下，发现棍子太短，于是他又去筐里拿了另一根长木棍过来，把两条木棍比对了一下，选择了比较长的那根木棍。他对涛涛说道："你帮我扶住下面！"涛涛蹲下用右手扶着悬空的木棍，皓宸拿钉子和锤子在上面接口处开始钉了起来。

团结就是力量

2. 观察思考

（1）幼儿的发展

《3～6岁儿童学习与发展指南》中指出："重视幼儿的学习品质。幼儿在活动过程中表现出的积极态度和良好行为倾向是终身学习与发展所必需的宝贵品质。"在一次次的尝试和探索中，幼儿为了同一目标一同合作，大大提高了他们的社交和合作能力。

（2）教师的支持

在木工坊自主游戏中，教师作为观察者，做到最大限度地放手，持续观察幼儿的游戏动向，及时给予幼儿肯定和鼓励，让幼儿主动学习，主动思考。

游戏二：坚持就是胜利

1. 过程实录

皓宸："还是我自己来吧！"说完继续钉钉敲敲，涛涛用手扶住圆柱帮他固定着两边。皓宸尝试了好多次，发现钉子总会歪，他不断地调整位置，不停地尝试用不同的方法，一会儿摆在地上锤，一会儿又拿回桌面，反反复复，不断地尝试，持续了大概二十分钟，这时两个同伴跑别处去玩了，只有皓宸在坚持着、努力着。

皓宸独自钉钉子

　　皓宸通过不停的尝试，探索了各种将钉子固定的方法，最后他选择用双腿夹住木棍，继续捶打钉子，终于成功了！他发现"轮子"的地方不够稳固，他用一个钉子在旁边的位置进行加固，直到整个框架固定才停下来。他的专注和"专业"吸引了不少老师和同伴的注意，大家纷纷过来围观皓宸的游戏。而皓宸不受外界任何干扰，非常专注地在做自己的"滑板车"。最后，他终于成功了，脸上露出了一丝微笑，并收获了满满的成就感。

皓宸的"滑板车"

2. 观察思考

（1）幼儿的发展

　　皓宸在游戏过程中，目标明确，知道自己要什么，为了达成目标他不懈努力，最终成功地做出了滑板车。他专注、投入、坚持，并且乐在其中，体现出一种良好的学习品质。

　　在游戏中，皓宸发现钉子总是歪向一边，他能够不断地调整使钉子变直；他还发现轮子不够稳，知道多用一个钉子钉下去加固。发现问题、解决问题的过程促进了幼儿精细动作和手部肌肉的发展。

（2）教师的支持

孩子们在一次次的木工活动中得到成功的体验，教师鼓励幼儿在生活中将知识和体验加以转化和利用。这些木工活动是孩子们结合对木料、操作工具的直观感知，对现实生活经验模仿的有意识的活动，教师就这些材料、工具和已有生活经验，引导着幼儿去思考、去创作。

【幼儿游戏的表达表征】

幼儿运用符号、线条、色彩等方式，将自己的游戏故事绘画下来。在此过程中，皓宸回顾了游戏中遇到的问题及其解决方法；教师通过一对一的方式，将绘画记录转化为文字记录。

这是我做的滑板车，是还未完成的滑板车，还有扶手没有做好。后来，我叮叮梆梆地把滑板车钉好了。我当时发现了一个问题，就是钉子老是歪到一边，后来，我叫了涛涛帮忙扶住，但是他没有帮上什么忙。再后来我想到了一个办法，用我的腿夹住木棍固定住，就成功了。有好多的老师都过来看我做，还给我拍了照。

——皓宸

皓宸游戏的表达表征

【教师的分析与反思】

（一）游戏活动的特点

通过游戏活动，"小木匠们"自己设计、选材、制作，并尝试解决问题，专注、耐心、坚持、勇敢、探究的"工匠精神"悄然而生。

（二）幼儿学习发展的价值

在游戏过程中，幼儿的多方面能力得到了发展。

健康领域：运用多种工具进行游戏，手部的精细动作、大肌肉动作得到了发展，增强了手眼协调能力。

语言领域：友好地与同伴交流；能完整地讲述自己的游戏故事。

社会领域：能与同伴友好相处，合作游戏。

科学领域：通过钉钉子的过程，感受力的相互作用。

艺术领域：愿意和别人分享、交流自己的作品，能用多种工具、材料表达自己的感受和想象。

（三）教师的支持与反思

教师要有敏锐的观察力，要善于捕捉孩子们的微小动作与表现；要善于思考，以满足幼儿不同发展需求。在游戏观察和教师支持方面还有很多不足的地方，在今后的活动中，教师将会更认真地观察，多思考和反思，循序渐进支持幼儿的游戏。

沙水里的"都江堰"

【游戏背景】

（一）游戏缘起

陈鹤琴先生曾说过："大自然、大社会都是活教材。"自然界的阳光、空气、泥土、水源等，是发展幼儿身心的课程资源。大班幼儿正处于创造与发展的关键时期，喜欢自然野趣且富有挑战性的游戏，我们提供了不同质地的各类沙子、足量的沙铲、PVC半截管、立板等大小、长短、粗细不同的游戏材料及各类辅助性材料，满足幼儿的需求，支持幼儿的探索。

游戏中，"管子漏水""管子淹了"等问题引起幼儿的好奇心，在幼儿强烈的好奇心与探索欲的助推下，沙水里的"都江堰"诞生啦！

（二）游戏条件

1. 游戏环境创设

幼儿园提供了宽敞、开放的自然户外环境，沙池面积约80平方米，可容纳1个班的幼儿游戏；深度约0.5米，能够满足幼儿挖沟建渠；沙池内装有28个水龙头，水源设备充足、就近，便于幼儿运输水源与清洁材料；设有遮阳帘，可以遮阳防晒；沙池边缘设有轮胎做的隔离带，高度要适宜幼儿跨越；沙池外铺设草坪和石阶，方便幼儿整理衣物上的沙子。

沙池

2. 游戏材料准备

① 玩沙工具：沙铲、漏斗、水桶、锅碗瓢盆等。这些工具有利于促进幼儿手眼协调能力及精细动作的发展。

② 玩水工具：水管、PVC半截管、转角管、立板等，丰富幼儿关于水的流动、沉浮等感性经验。

③ 辅助性材料：各种造型的模具及花草叶干等自然材料，增添幼儿的装饰及丰富游戏情节。

游戏材料

3. 幼儿的兴趣和前期经验

（1）幼儿的兴趣

沙、水是大自然赋予儿童的天然材料，具有低结构、形态多变、可塑性强的特点，深受幼儿的喜爱。幼儿喜欢在沙池挖沙、引水，感知沙在手里黏黏、痒痒的触感，体验沙的松软、感知水的流动。

（2）前期经验

本班幼儿已开展了两周的沙水游戏，从第一周无目的拍拍、堆堆、挖挖沙子，到第二周运用材料进行多管道引流,获得"南水北调·水的引流"的游戏经验,并通过幼儿的表征表达与交流分享生成集体教学活动"小水滴旅行记",丰富了幼儿物理知识与空间概念的感性经验,为本次活动奠定了基础。

【游戏过程】

游戏一:初尝试——建水渠

1. 过程实录

自主游戏时间到啦!孩子们开心地挑选心仪的游戏材料开始探险之旅。刚开始,浩霖在挖水渠,让水顺着PVC半截管流入沙池。接着,浩霖连接第二根PVC半截管,发现水从细缝里流出来,他低头检查水流去向,重新调整位置,把连接处的管子叠放上去。他高兴地说:"把这个叠上去,没有漏水。"

用PVC半截管建水渠

2. 观察思考

"初尝试——建水渠"游戏教师的观察及思考

幼儿	发现问题	实践探究	游戏水平	品质表现
浩霖	管子连接处漏水	管子连接→管子叠放	发现问题 ↓ 观察思考 ↓ 调整材料	主动思考 专注探究

游戏二:深探究——做装置

1. 过程实录

梓熙发现水流太小,拿了一根弯管走过来,只见他把转角管一头对着水龙头,一头对着地面上的PVC半截管，不断地调整两头的位置，将水成功地引流到PVC半截管上。而旁边的浩霖拿着PVC半截管，也像梓熙一样连接，可是PVC半截管和转角管比较短，连接不到地面，于是浩霖找来了两块立板，高兴地跑回来说："我回来啦！"只见他把一块立板顶立在地面，接着拿来另一块立板，询问周围的小朋友："谁帮我扶住这里？"浩霖听到后爽快地说："我来！"他们互相配合着，浩霖扶着立板顶部，不断地堆叠并轻轻拍打沙子，让立板更牢固。两个立板稳固后，浩霖拿了一根PVC半截管放在两个立板的对称洞上，打开水龙头，让水顺着立板上的PVC半截管流入地面上的PVC半截管。由于管子没有对准，水流到了沙池里。他们再次调整，挪动地面上PVC半截管和立板的位置。果然，水顺利流过去了，他们成功了！浩霖高兴地跑过来对老师说："老师，你看我们的三脚架"。

用立板做引流装置

2. 观察思考

"深探究——做装置"游戏教师的观察及思考

幼儿	发现问题	实践探究	游戏水平	品质表现
梓熙	水流太小	添加材料：弯管	游戏材料的添加 ↓（推进）	游戏的提升 积极主动 大胆创新 互帮互助 乐于分享
浩霖	水速太慢	添加材料：立板、PVC半截管	游戏玩法的递增 ↓（推进）	

游戏三：成雏形——延水渠

1. 过程实录

游戏的最后，弯管、地面上的PVC半截管、立板上的PVC半截管共同引流，水流越来越大，问题也随之而来，他们连接的第三节PVC半截管被淹了。浩霖说："这个太高了，连接不上。"原来是水渠挖得太小，水流多，水回流，所以把PVC半截管淹了。旁边的宝棋看到此景后,激动地说:"都江堰,这是都江堰!"佳濠和其他小朋友看到后纷纷加入进来,组成"挖沙小分队",他们继续挖呀挖,水渠越挖越深、越挖越宽,在大家的共同努力下,沙水里的"都江堰"诞生啦!

延伸水渠

2. 观察思考

"成雏形——延水渠"游戏教师的观察及思考

幼儿	发现问题	实践探究	游戏水平	品质表现
浩霖"挖沙小分队"	PVC半截管淹了	水渠越挖越深、越挖越宽	社会性发展: 联合游戏 ↓ 合作游戏	目标明确,分工协作;有较强的探索欲和坚持不懈的精神

【幼儿游戏的表达表征】

幼儿运用符号、线条、色彩等方式,将自己的游戏故事绘画下来,教师通过一对一的方式,将绘画记录转化为文字记录,帮助幼儿回顾、梳理游戏内容,捕捉教育价值,聚焦关键点。

浩霖、梓熙游戏的表达表征

幼儿作品	浩霖小朋友	梓熙小朋友

续表

表征内容	我用立板搭了一个架子，水从上往下流，流到地面的管子，要贴住管子，不然会漏水	我们搬了很多管子，水聚集在一起往前流，好多好多水，我的裤子都湿了
表征关键词	水从上往下流	水聚集在一起往前流
经验的获得	结合生活经验，通过实践操作与材料发生互动，发现水从高往低处流的物理现象	感知水的多少与材料的关系，通过创造新的玩法，对材料进行更深入的探究

【教师的分析与反思】

（一）游戏活动的特点

《3~6岁儿童学习与发展指南》中指出幼儿是在亲身体验、直接感知、动手操作中学习的。本班孩子围绕沙水里的"都江堰"开展了一系列的游戏故事，随着游戏的不断深入，问题也接踵而至，在解决问题的过程中，充分调动了幼儿的已有经验整合成为新经验。

1. 以"一管"为中心，"多管"共同引流——推动幼儿深入探索

孩子们连接PVC半截管，让水顺着PVC半截管进行引流，形成主流线。梓熙搬来弯管，对准水龙头和PVC半截管进行引流，形成分流线；①浩霖用两块立板和一根PVC半截管做成引流装置三脚架，形成分流线；②多管共同引流汇聚成一条长长的水渠。

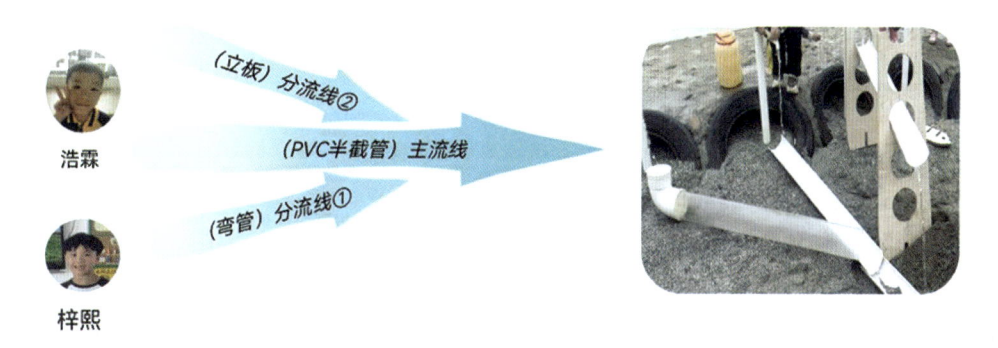

以"一管"为中心，"多管"共同引流

行为分析：幼儿自发开展游戏、自主选择游戏材料、自行进行游戏探究，有较强的好奇心与探索欲；结合生活经验，感知材料的特性及物理现象，不断建构和丰富游戏玩法，并对材料进行升级改造。

2. 从单材料简单建构到多材料复杂建构——学会目测与比较

幼儿从一开始用PVC半截管单材料引流到使用弯管、立板等多材料共同引流。

行为分析：幼儿学会目测和比较支架之间的高矮、距离远近，感知坡度和速度之间的关系，通过挖沙、运水，感受到"深和浅""多和少""空和满"，发现水的流动是从高处往低处流的物理现象。

单材料引流

添加材料——弯管
效果：水流加大

添加材料——PVC半截管
效果：水速加快

添加材料——立板
效果：支撑，感知水的冲击

从单材料简单建构到多材料复杂建构

（二）幼儿学习发展的价值

1. 促进幼儿良好品质的形成

（1）主动性、专注性

在整个游戏过程中，幼儿始终专注于游戏，问题的不断出现，激发了幼儿主动探索的兴趣，也挑起了幼儿的好胜心，使幼儿全身心投入游戏中，进而促进幼儿主动性、专注性等良好品质的形成。

（2）解决问题的能力

正是游戏过程中发现的诸多问题，使幼儿不断思考、不断尝试；明确的目标、坚定的信心、同伴间的相互交流，都是解决问题不可或缺的因素，这些都大大增强了幼儿解决问题的能力。

2. 促进幼儿建构技能与动作的发展

幼儿从独自搭建简单的"一管"引流到合作搭建复杂的"多管"引流，他们在反复探索中促进了各种平铺、连接、延长、架空、支撑等建构技能的发展。

幼儿游戏行为和动作发展

幼儿	游戏行为	动作发展
浩霖 梓熙	托、搬游戏材料 （PVC截管、弯管、立板等）	促进幼儿手、脑、眼及身体动作的协调发展
佳濠 "挖沙小分队"	挖沙	促进幼儿的精细动作与手部肌肉的发展

3. 促进幼儿社会性的发展

幼儿从联合游戏发展到合作游戏，游戏过程目标明确，且能够分工协作。浩霖和梓熙小朋友通过多材料引流，增加水流分支；佳濠和"挖沙小分队"在不断地挖沙子，延长水渠；宝棋小朋友控制水流速度。他们不仅体会到了团结协作的乐趣，还提升了沟通技巧和社交能力。

（三）教师的支持与反思

1. 游戏前，提供充足丰富的游戏材料

教师根据环境特点和幼儿年龄与发展水平，提供数量充足、种类丰富的游戏材料，营造自由宽松的游戏氛围，保证幼儿有充足的游戏时间。

2. 游戏中，解读幼儿的行为，发现幼儿的成长

教师观察幼儿与材料、环境、同伴间的互动，获得了哪些领域的成长，促进了哪些学习品质的形成，以默默靠近的方式关注并支持幼儿的游戏进程，尊重幼儿的游戏意愿，相信他们具有无限的潜力。

3. 游戏后，捕捉教育契机，生成游戏课程

教师组织幼儿表达表征，开展分享交流。幼儿通过观看游戏视频，重温游戏故事，进行交流探讨。教师根据幼儿的游戏内容生成游戏课程：科学活动"流动的水"，促进幼儿多领域知识的融合，帮助幼儿持续发展。

4. 进一步优化，支持幼儿持续的探索与学习

（1）材料分类不明确，缺乏本土资源材料

调整优化：教师要增加分类材料的层次，投放不同类别、材质的材料，挖掘本土资源，增添辅助性材料，丰富游戏内容。

（2）活动前游戏准备不充分，幼儿装备不足

调整优化：教师应根据活动场地与天气的情况，提醒幼儿适时增减衣物。例如，本次活动场地为沙水区，天气寒冷，教师应提醒幼儿穿雨衣，以免弄湿衣物，容易着凉。

本次沙水探究中，幼儿自发形成了"自主游戏，发现问题—实践探究，解决问题—再次游戏，提升经验"的良性循环。教师及时捕捉教育契机，提升每个幼儿在亲身体验后的经验，让他们感受合作的成果，分享成功的喜悦，让户外活动真正成为幼儿自主探索、自主游戏的乐园！

"鼓风机"的探索之旅

【游戏背景】

（一）游戏缘起

孩子们来到涂鸦区，对涂鸦区的鼓风机充满好奇，有的孩子在上面涂涂画画，有的孩子观察鼓风机的外形构造，还有的孩子探索鼓风机的玩法，一场孩子与鼓风机的探索之旅开始了……

（二）游戏条件

1. 游戏环境创设

游戏环境

涂鸦区与池水区相连，场地宽阔贯通。

① 铺设了软硬结合的地面材料：草地柔软自然，水泥地坚硬、平整。

②设有涂鸦墙、水池：配备充足的水源、涂鸦工具，以及各类辅助材料。

③设有遮阳棚，配备收纳设施、游戏服。

2. 游戏材料准备

游戏材料

①玩水材料：水桶、水勺、竹筒、锅碗瓢盆等。

②涂鸦材料：颜料、调色盘、衣服、纸巾筒、气泡膜等。

③本土资源材料：小木船、鼓风机、大树干、瓦片等。

④辅助性材料：稻草、松果、木块、石头、贝壳等各类自然材料。

3. 幼儿的兴趣和前期经验

（1）幼儿的兴趣

幼儿对鼓风机充满了好奇，喜欢探索鼓风机的各种玩法。

（2）前期经验

初步了解鼓风机的来源及外形构造。

【游戏过程】

游戏一：初步体验——"滑梯"鼓风机

1. 过程实录

游戏的第一天，小朋友们拿来了一筐自然材料，可颂把材料放进鼓风机顶部入口，说："开。"海东左扭打开开关，材料从上面滑下来，其他小朋友负责在尾部出口接材料。忽然，他们发现因为稻草放太多鼓风机口卡住了。于是他们从尾部出口往外抓稻草，没拿出来，又换个方位从侧面抓，终于拿出来了。

体验"滑梯"鼓风机

2. 幼儿游戏的表达表征

可颂、海东游戏的表达表征

幼儿作品	可颂小朋友	海东小朋友
表征内容	这是鼓风机，我拿了很多稻草、木棍、石头，让它们用很快的速度滑下来	这是鼓风机的开关，左开右关
幼儿的发展	科学探究：感知不同材料的滑速 游戏经验：初步感知鼓风机的构造	科学探究：感知空间方位左和右 游戏经验：鼓风机开关的操作
教师的支持	1.游戏初期，幼儿对鼓风机非常感兴趣，但游戏水平不高。教师在游戏分享环节帮助幼儿梳理经验，助推幼儿游戏 2.提供更多辅助材料，支持幼儿体验探究	

3. 观察思考

孩子们把自然材料稻草、木棍、石头放入鼓风机里，让它们"滑滑梯"，初步感知鼓风机的原理，知道材料从鼓风机的顶部入口放入，从尾部出口滑出，并操作鼓风机的开关控制材料的滑落。

"初步体验——'滑梯'鼓风机"游戏的观察思考

幼儿	遇到的问题	解决的方法
可颂	鼓风机尾部出口被稻草堵住了	1.从尾部出口拿，够不着（失败） 2.从侧面拿出来（成功）

4. 教师的支持与回应

教师："小朋友们，今天玩了什么有趣的游戏呀？"

海东："我们在玩鼓风机。"

可颂："我放了很多的稻草、木棍、石头进鼓风机里面。"

海东："像滑滑梯一样，好快的速度。"

海东："可是稻草卡住了，拿不出来。"

教师："该怎么办呢？"

可颂："下面的洞洞太小了，要从旁边拿才可以。"

教师："小朋友真聪明！知道想办法解决问题。"

可颂："鼓风机很好玩的，我明天还想玩！"

① 游戏初期，幼儿对鼓风机非常感兴趣，但游戏水平不高，教师在游戏分享环节引导幼儿回顾梳理游戏经验，拓展每一位幼儿的学习途径。

② 教师根据幼儿的兴趣需要和已有经验，提供更多的辅助材料，支持幼儿体验探究。

游戏二：调整优化——组装鼓风机的摇柄

1. 过程实录

游戏的第二天，可颂发现鼓风机的摇柄松动了，于是把它拆下来重新组装。

第一次尝试，没有对准风叶洞口，失败了。可颂说："再来一次。"

第二次尝试，可颂重新调整握手位置：往上挪一点儿，接着安装摇柄，没对准洞口，还是失败了。

第三次尝试，可颂靠近观察，眼睛瞄准洞口，双手调整风叶位置，成功安装，但风叶转不起来。

第四次尝试，可颂一手拉风叶，一手压摇柄，把摇柄牢牢固定住，风叶转起来了，可颂高兴地说："可以啦！"

组装鼓风机

2. 幼儿游戏的表达表征

陈可颂游戏的表达表征

幼儿作品	
表征内容	这是风叶，试了很多次都没有用，要用眼睛对准，用手去压才能成功
幼儿的发展	科学探究：力的相互作用 游戏经验：组装鼓风机的摇柄 品质发展：解决问题的能力
教师的支持	1.在一对一倾听环节，表扬幼儿自主探索、多次尝试组装摇柄的行为 2.添加材料：木屑、棉花，助推幼儿的深入游戏

3. 观察思考

可颂发现鼓风机的摇柄很松，于是拆下来重新组装，经过多次调整握手位置，压实固定摇柄，最终组装成功。孩子在游戏中发现问题，通过不断地猜想尝试验证，进而提高幼儿解决问题的能力。

"调整优化——组装鼓风机的摇柄"游戏的观察思考

幼儿	遇到的问题	解决的方法
可颂	鼓风机的摇柄很松	1.调整摇柄位置 2.按实并固定摇柄

4. 教师的支持与回应

教师:"小朋友们,今天发生了什么有趣的事情呀?"

可颂:"我在玩鼓风机,鼓风机的摇柄很松,转不起来。"

教师:"摇柄很松,该怎么办呢?"

可颂:"要重新安装才可以。"

教师:"可以和我们分享一下你是怎么安装的吗?"

可颂:"眼睛要对准洞洞,用手大力压住才可以装上去。"

教师:"可颂真棒!谢谢你的分享。"

① 在游戏分享环节,教师表扬幼儿发现问题:鼓风机的摇柄很松,并鼓励幼儿分享如何组装摇柄,体验游戏的快乐,分享成功的喜悦。

② 教师添加自然材料木屑、棉花,助推幼儿深入游戏。

游戏三:创意玩法——会"飞"的木屑

1. 过程实录

游戏的第三天,孩子们发现新材料木屑、棉花,可颂把木屑和棉花放进鼓风机入口滑下来。忽然,海东手摇风叶,木屑从侧边口飞了出来,孩子们惊讶极了。可颂再次放入木屑,孩子们看见木屑从侧边飞出,兴奋地说:"飞起来咯,飞起来咯!"可颂又放入棉花,棉花从尾部出口滑出。可颂带有疑问地说:"为什么棉花飞不起来?"于是他们加快摇动风叶,棉花还是飞不起来。

发现会"飞"的木屑

2. 幼儿游戏的表达表征

可颂、海东游戏的表达表征

幼儿作品	可颂小朋友	海东小朋友
表征内容	木屑太轻会从这里飞出来，棉花一团一团的太重，会在这里滑下来	我玩鼓风机，转得好快好快，木屑就飞起来了
幼儿的发展	科学探究：初步感知和区分物体轻重的特点 游戏经验：感知鼓风机的原理	科学探究：初步感知并了解风叶与木屑之间的联系 游戏经验：认识风叶的作用
教师的支持	1.针对"棉花飞不起来"，教师与幼儿进行游戏分享，帮助幼儿解决问题 2.开展集体活动"鼓风机的秘密"	

3. 观察思考

可颂把木屑和棉花团放入鼓风机，通过转动摇柄，发现木屑从出风口飞出去，而棉花团从尾部出口滑出。孩子们深入了解鼓风机的原理，知道轻的材料会被吹出出风口，而重的材料则会滑向尾部出口。

"创意玩法——会'飞'的木屑"游戏教师的观察及思考

幼儿	遇到的问题	解决的方法
可颂	为什么棉花飞不起来	加快摇动风叶（失败）

4. 教师的支持与回应

教师："小朋友们，今天有新材料，你们发现了吗？"

可颂："有木屑还有棉花。"

教师："你们是怎么玩的？"

可颂："我们把木屑还有棉花放进鼓风机里面玩滑滑梯。"

海东："哈哈哈，木屑飞得到处都是。"

教师："棉花飞起来了吗？"

可颂："棉花一团团的，有点儿重，飞不起来。"

教师："小朋友们真棒！木屑很轻可以飞起来，棉花一团团的有点儿重，飞不起来。"

① 教师抛出问题让幼儿探讨"棉花团飞不起来"的原因，帮助幼儿总结梳理游戏经验：通过转动摇柄，轻的材料从出风口飞出，而重的材料从尾部出口滑出。

② 教师开展集体活动"鼓风机的秘密"，带领幼儿深入了解鼓风机的构造与原理。

游戏四：升级玩法——转水"风车"

1. 过程实录

游戏的第四天，可颂拿来一条水管，一头连接水龙头，一头连接鼓风机，水流入水管再流入鼓风机，孩子们开心地说："水出来啦！"代泽拿来许多萝卜说："可颂，我要洗萝卜，开水。"可颂把水龙头扭到最大，结果水管爆了。可颂说："冲力太大，随时会爆炸。"于是再次连接水管，这次他们把水龙头关小了，没有爆炸，但是水太小洗不了萝卜，于是又把水开大，结果水管又爆了……

| 连接水管 | 水管爆了 |

2. 幼儿游戏的表达表征

梓淇、海东游戏的表达表征

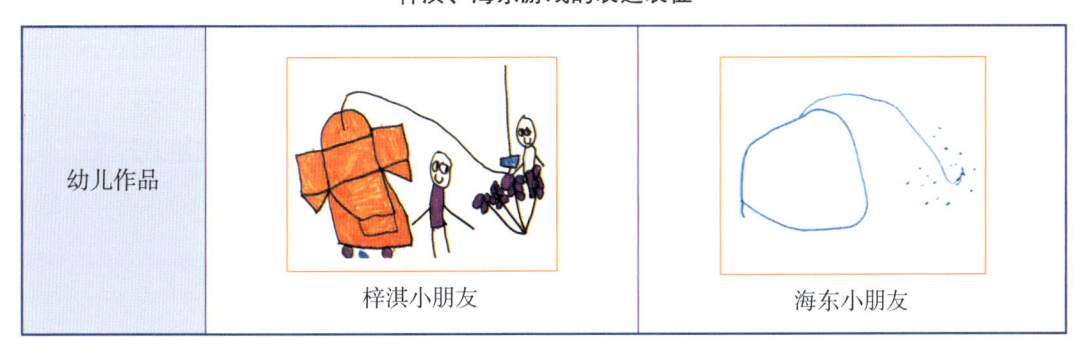

| 幼儿作品 | 梓淇小朋友 | 海东小朋友 |

续 表

表征内容	我玩了鼓风机，水管连接到水龙头，还连接到鼓风机，下面有水可以洗萝卜	这是鼓风机，这是水管，冲力太大水管随时会爆炸
幼儿的发展	科学探究：通过实践操作，连接、组合、探索新玩法 游戏经验：水的引流	科学探究：感知水的冲力 游戏经验：水龙头开关的操作
教师的支持	1.针对"爆水管"，教师与幼儿进行游戏分享，帮助幼儿解决问题 2.添加材料：绳子，助推幼儿游戏的深入	

3. 观察思考

幼儿通过连接、组合等实践操作探索新玩法，他们用水管一头连接水龙头，一头连接鼓风机来洗萝卜，感受水的流动、水的冲力。

"升级玩法——转水'风车'"游戏教师的观察及思考

幼儿	遇到的问题	解决的方法
可颂	爆水管	把水关小一些（成功）
	水太小洗不了萝卜	把水开大一些，爆水管（失败）

4. 教师的支持与回应

教师："小朋友们，今天玩了什么新游戏呀？"

可颂："我们在玩水车。"

梓淇："水车要连接水管才有水的。"

代泽："很多水就可以洗萝卜。"

可颂："不行，冲力太大随时会爆炸。"

教师："水管爆炸，该怎么办呢？"

可颂："拿一条绳子绑住水管，就不会爆炸了。"

教师："明天我们一起试试拿绳子绑住水管，看看会不会爆炸。"

① 教师组织游戏分享活动，"爆水管"引起幼儿的思考与讨论，可颂提出观点：拿一条绳子绑住水管，就不会爆炸了。

② 教师尊重并回应幼儿的想法，添加材料：绳子，助推幼儿深入探索游戏。

【教师的总结与反思】

（一）游戏活动的特点

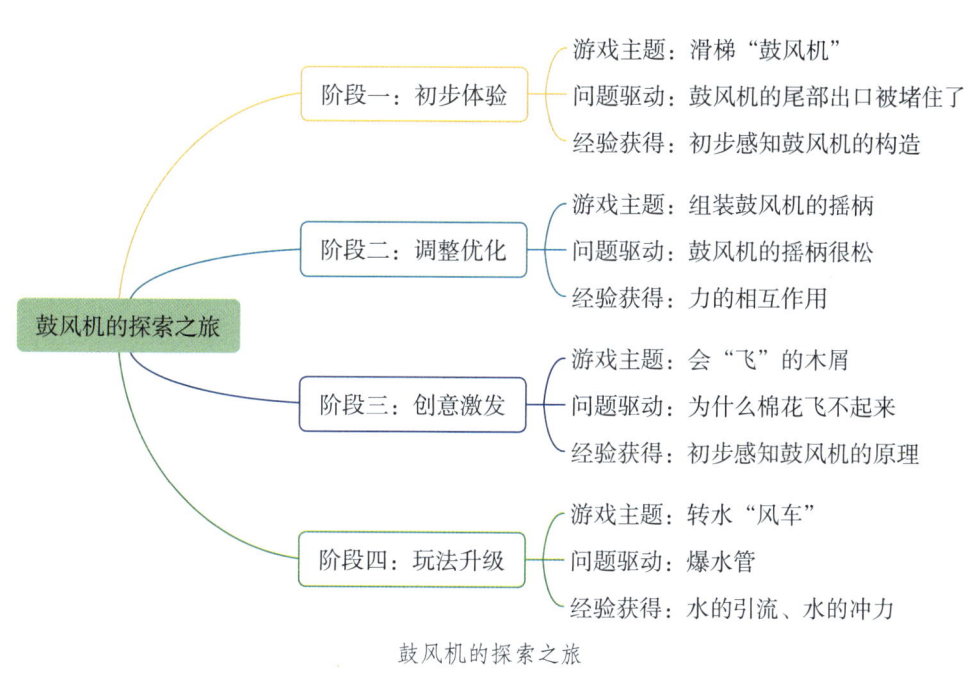

鼓风机的探索之旅
- 阶段一：初步体验
  - 游戏主题：滑梯"鼓风机"
  - 问题驱动：鼓风机的尾部出口被堵住了
  - 经验获得：初步感知鼓风机的构造
- 阶段二：调整优化
  - 游戏主题：组装鼓风机的摇柄
  - 问题驱动：鼓风机的摇柄很松
  - 经验获得：力的相互作用
- 阶段三：创意激发
  - 游戏主题：会"飞"的木屑
  - 问题驱动：为什么棉花飞不起来
  - 经验获得：初步感知鼓风机的原理
- 阶段四：玩法升级
  - 游戏主题：转水"风车"
  - 问题驱动：爆水管
  - 经验获得：水的引流、水的冲力

鼓风机的探索之旅

在鼓风机的探险之旅中，孩子们自发开展游戏，自主选择游戏材料，自行结伴探究游戏，以问题为驱动，在已有经验的基础上产生新的思考，形成了自主游戏，实践操作—遇到问题，助推探究—再次游戏，提升经验。

（二）幼儿学习发展的价值

自主游戏中渗透五大领域，促进幼儿的全面发展。

自主游戏中渗透的五大领域

五大领域	幼儿发展
健康领域	1.生活能力 幼儿按需自主喝水、如厕，自主增减衣服等，具有基本的生活自理能力。 2.动作发展 幼儿搬运材料：梯子、鼓风机等，促进幼儿大小肌肉发展，身体动作协调发展。
语言领域	1.倾听和表达 （1）分享活动中，幼儿倾听同伴分享并进行交流探讨。 （2）一对一倾听中，可颂能完整、流畅地叙述游戏故事。 2.书写准备 可颂能用图画和符号绘画游戏故事。

续 表

五大领域	幼儿发展
社会领域	1.人际交往 幼儿互相分享材料，轮流玩鼓风机，能与同伴友好相处，分工合作。 2.社会适应 可颂负责放材料，海东负责控制鼓风机的开关，他们能够感受规则的意义，并能遵守游戏规则。
科学领域	1.科学探究 海东发现风叶转得越快，木屑飞得越多，能感知物体结构与功能之间的关系。 2.数学认知 （1）可颂发现木屑很轻会飞起来，棉花一团团的很重飞不起来，能感知和区分物体轻重方面的特点。 （2）海东操作鼓风机的开关，左扭开、右扭关，能感知物体的空间方位左和右。
艺术领域	1.感受与欣赏 游戏分享中，幼儿与同伴交流、分享表征作品，并能够欣赏多种多样的艺术形式和作品。 2.表现与创造 幼儿拿粉笔在鼓风机上涂涂画画，具有初步的艺术表现与创造能力。

（三）教师的支持与反思

1. 相信幼儿，提供自由探索的时间和空间

在游戏中，幼儿在前，教师在后，教师营造自由宽松的游戏环境，保证幼儿有充足的游戏时间，尊重幼儿的游戏意愿，相信他们有无限的潜力。幼儿在做中学、做中思考、做中进步。

2. 添加材料，满足幼儿游戏的需要

在游戏分享中，幼儿发现问题并提出解决方法："水管冲力太大，随时会爆炸，要拿绳子绑住它"，教师及时添加材料绳子，满足幼儿尝试、验证的需要，还添加本土材料如稻草、松果、贝壳等，材料的多样性和调整的及时性，为幼儿的深入探究提供了保障。

3. 捕捉契机，支持幼儿持续的探索与学习

在本次鼓风机的探索之旅中，幼儿自发形成了"自主游戏，发现问题—实践探究，解决问题—再次游戏，提升经验"的良性循环；教师及时捕捉教育契机，提升每个幼儿在亲身体验后的经验，让他们感受合作的战果，分享成功的喜悦，让户外活动真正成为幼儿自主探索、自主游戏的乐园！

炮弹发射器

【游戏背景】

（一）游戏缘起

在滚筒区的一个角落，熙熙小朋友由于力气太小推不动滚筒，可他又很想把滚筒推上台阶，于是熙熙的滚筒游戏开始了。

（二）游戏条件

1. 游戏环境创设

幼儿园提供宽敞的户外环境，设有遮阳帘、防雨防晒，铺设塑胶场地，充分保护幼儿的安全。

游戏环境

2. 游戏材料

直径不同、长度不同、大小不同的滚筒、梯子、木板、垫子等各类低结构游戏材料。

3. 幼儿的兴趣和前期经验

（1）幼儿的兴趣

幼儿喜欢玩跷跷板的感觉。

（2）前期经验

幼儿有玩跷跷板的经历。

【游戏过程】

游戏一：初步探索，体验滚筒

1. 过程实录

第一天滚筒游戏开始了，熙熙想将滚筒推上两级台阶，但他尝试了很久也没推上去，于是他找来了睿睿，他们一起把滚筒推上了台阶，开始了游戏体验。

第一次：感受滚筒的晃动

熙熙把鞋子扔进滚筒里，感受鞋子在滚筒中的晃动，后来他把滚筒推下台阶，鞋子从滚筒里飞出去，开心地说："哈哈，炸飞了。"

感受鞋子的晃动

第二次：体验滚筒的滚动

熙熙钻到滚筒里，利用双手的力度支撑地面推动滚筒滚下台阶，由于力气不够，他脱离了滚筒，熙熙说："不舒服，有点儿疼。"

钻到滚筒里体验

第三次：合作推动滚筒

熙熙和可可、睿睿三个人合作把滚筒推到垫子上，可可和睿睿钻进滚筒里，熙熙在外面推，感受滚筒在垫子上的滚动。

在垫子上滚动

2. 幼儿游戏的表达表征

> 我想要把滚筒推上楼梯，因为太重推不动，我找了睿睿跟我一起推，他在那边推，推上去我把它又滚了下来，发现可以当成火箭从天空落下来。我又放了鞋子进去，当火药，因为火药可以爆炸。后来再推上去，我钻了进去，可以体验在里面是怎样的滋味。手撑住速度就不会那么快，半个人就不会掉下去。然后滚筒掉下去了，我感觉腿有点儿痛，接着又和睿睿推了上去，然后我滚下来，被一个垫子挡住。我想把滚筒推到垫子上，让他们尝尝滚筒滚下去的滋味。
>
> ——熙熙

3. 观察思考

"初步探索，体验滚筒"游戏教师的观察及思考

探索的次数	实践探究	游戏水平	教师的支持与回应
第一次	鞋子放进滚筒	材料感知 ↓ 游戏体验	1.游戏中教师做到放手退后，持续观察幼儿游戏

续表

探索的次数	实践探究	游戏水平	教师的支持与回应
第二次	人钻进滚筒	↓	2.在一对一倾听环节中，教师帮助幼儿回顾梳理游戏
第三次	把滚筒放到垫子上，两个人钻进去	材料添加	

游戏二：尝试搭建发射器

1. 过程实录

第二天，熙熙搬来了双梯、垫子、滚筒开始搭建，他用推、拉、撬动等方式搭建，由于梯子和滚筒太重失败了，在宇宇和洋洋的帮助下，炮弹发射器初成模型。

孩子们尝试坐上发射器，发射器没有飞出去，熙熙说："这上面需要重的人。"于是小伙伴们纷纷加入游戏，有的小朋友站在垫子上，有的坐在滚筒上，有的坐在梯子上，熙熙说："让我们感受飞出去的感觉。"结果发射器没有动静……

搭建炮弹发射器

尝试炮弹发射

2. 幼儿游戏的表达表征

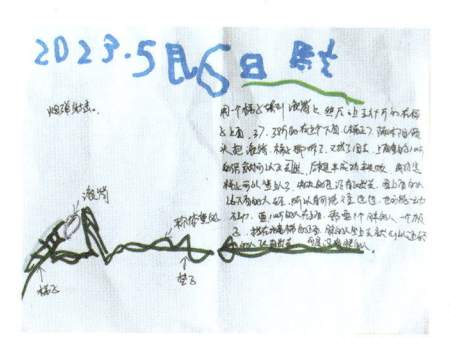

用一个梯子架到滚筒上，然后让五六十斤的在梯子上面，三十七八斤的在下面，上面重的100斤的话就可以飞出去了，后来是半成功半失败，成功是梯子可以坐上去了，失败是没有飞出去，因为上面的人比下面的人轻，需要一个胖子的人，一个板子，搭在楼梯上面，胖的人坐上去就可以让轻的人飞出去。

——熙熙

3. 观察思考

"尝试搭建发射器"游戏教师的观察及思考

幼儿	发现问题	解决问题	游戏水平	教师的支持与回应
熙熙	两个人太轻	多人一起	科学探究 轻的验证 ↓ 重的验证	1.添加材料：梯子 2.游戏分享，交流讨论，助推游戏

游戏三：发射器成型，成功验证

1. 过程实录

第三天游戏：熙熙用四根木棍稳定滚筒，超超和锋锋将长木板搭在滚筒上，由于力气不够，坐在低边的熙熙没有"飞"出去。熙熙重新调整木板位置并邀请老师尝试，老师用力按下去，熙熙"飞"起来了。

看到熙熙成功"飞"了起来，同伴们纷纷加入他们的游戏，他们尝试一人撬动两人，两人撬动一人，三人对半撬动，玩出了各种"飞"出去的玩法。

炮弹发射成功

2. 幼儿游戏的表达表征

我今天拿了一块木板，搭了一个发射器，刚开始，胖的人唐子超坐在上面，但不能飞出去，因为他不够重，后来，邀请老师坐上去，就从路线飞呀飞呀就降落了，我的发射器终于成功了，好好玩。

——熙熙

3. 观察思考

"发射器成型，成功验证"游戏教师的观察及思考

幼儿	发现问题	解决问题	获得经验	教师的支持与回应
熙熙	支撑点上方重量轻	邀请老师	初步感知物理知识：杠杆原理	1.添加材料：长板 2.教师加入推动游戏深入发展

下篇 游戏观察

【教师的分析与反思】

（一）游戏活动的特点

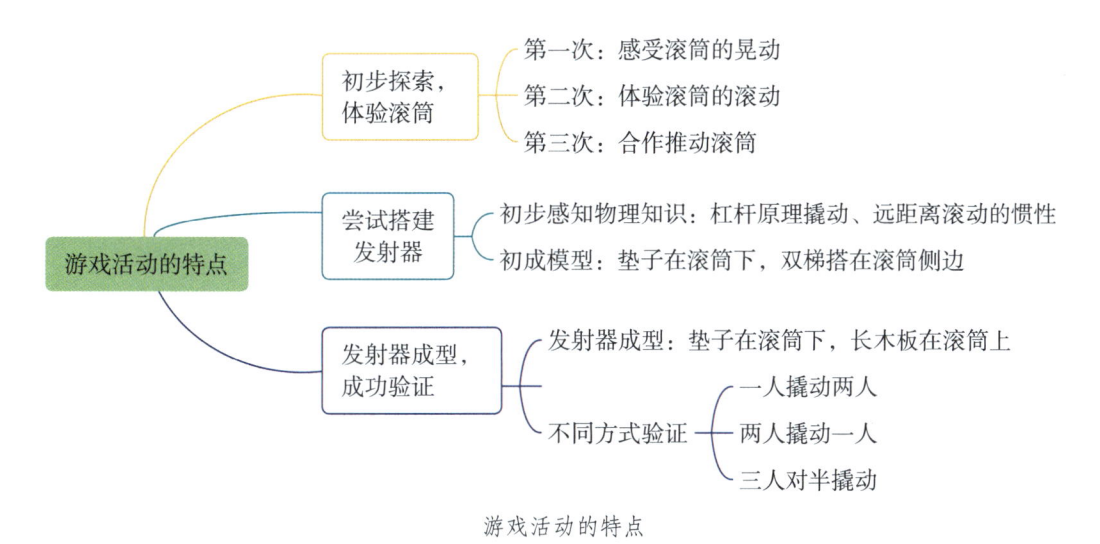

游戏活动的特点
- 初步探索，体验滚筒
  - 第一次：感受滚筒的晃动
  - 第二次：体验滚筒的滚动
  - 第三次：合作推动滚筒
- 尝试搭建发射器
  - 初步感知物理知识：杠杆原理撬动、远距离滚动的惯性
  - 初成模型：垫子在滚筒下，双梯搭在滚筒侧边
- 发射器成型，成功验证
  - 发射器成型：垫子在滚筒下，长木板在滚筒上
  - 不同方式验证
    - 一人撬动两人
    - 两人撬动一人
    - 三人对半撬动

游戏活动的特点

（二）幼儿学习发展的价值

幼儿学习发展的价值

五大领域	幼儿发展
健康领域	1.发展幼儿动作的协调性和灵活性 初步探索时，熙熙用手和身体去掌控滚筒的速度。 2.发展幼儿身体平衡和协调能力 发射器成型时，幼儿利用身体和动作，用不同的方式验证"飞"出去的现象。 3.具备基本的安全知识和自我保护能力 幼儿运用垫子、木棍稳固滚筒的滚动，保障自己不摔下去。
语言领域	1.在集体中能够注意老师与同伴之间的交流和讲话 熙熙在游戏故事分享环节，能够耐心倾听同伴讲述并进行交流探讨。 2.能基本完整地讲述游戏故事的情节和经历的事情，讲述比较连贯 在教师一对一倾听记录时，熙熙对游戏思路清晰，能够有目的、有计划地完整叙述故事。 3.愿意用图画和符号表现事物和故事 熙熙自主、安静地画游戏故事。
社会领域	1.对大家喜欢的东西能积极分享，轮流游戏 当同伴被吸引加入游戏时，熙熙通过合作的方式与同伴分享自己的搭建成果。 2.愿意接受同伴的意见和建议 超超在不停地尝试飞出去的方法，大家都接受建议并支持尝试实验。 3.能按自己的想法进行游戏或其他活动并敢于尝试有一定难度的活动和任务 熙熙按照自己的想法成功搭建炮弹发射器并邀请不同体重的人参与挑战实验。

续 表

五大领域	幼儿发展
科学领域	1.能对事物或想象进行观察比较，发现其相同与不同 发射器从初步探索，到深入探究，再到实验升级，通过不断地观察、调整和验证，最终验证成功。 2.能感知和区分物体的粗细、轻重等量方面的特点并能用相应的词语描述 在验证是否能"飞"出去的过程中，发现数量和轻重的条件，获得了轻与重的比例关系的关键要点。
艺术领域	1.愿意和别人分享、交流自己的创作作品和美感体验 熙熙兴奋地和老师、同伴分享自己的游戏故事和表征，讨论游戏的各种精彩。 2.能用多种材料表达自己的感受和想象，并能与他人相互配合，也能独立表现 幼儿喜欢"飞"出去的感觉，从独自搭建到合作运用梯子、木板、垫子和滚筒搭建炮弹发射器，游戏都能够顺利进行。

（三）教师的支持

1. 支持幼儿的想法，投放相对应的材料

让幼儿创造性地进行冒险游戏，是一个非常重要的环节，只有全面支持幼儿，幼儿才会更加深入地去探索游戏。

2. 适时介入

教师在游戏中的介入必须建立在用心观察、充分分析的基础上。当幼儿遇到解决问题的瓶颈时，教师的适时引导，能够推动游戏的发展。

3. 倾听儿童才能读懂儿童

教师通过倾听，才能读懂幼儿，与幼儿成为真正的朋友，走进他们的内心世界。

（四）不足与延续

1. 缺乏多元化的游戏材料

在搭建发射器的过程中，熙熙运用了滚筒、木板、梯子、垫子四种游戏材料，虽然教师也根据幼儿的需求投放了材料，但如果能够投放更多的低结构材料，相信幼儿能够创造出更丰富多样的游戏。

2. 游戏的延续

教师组织集体分享，引导幼儿对游戏中遇到的问题进行讨论交流，推动游戏的深入探究，幼儿的游戏还在延续。

下篇　游戏观察

趣味竹筒

【游戏背景】

（一）游戏缘起

幼儿对小树林中的本土材料竹筒充满了兴趣，他们利用竹筒材料玩出各式各样的游戏，有的用竹筒做饭，有的用竹筒装水，有的用竹筒涂鸦等，大家玩得不亦乐乎，并发生了一系列有趣的故事。

（二）游戏条件

1. 游戏环境创设

小树林是自然、充满野趣的游戏场，有花、草、树木，也有水、泥、石等。场地内还搭建了遮阳棚，给幼儿提供了阴凉、舒适的环境。

2. 游戏材料准备

在游戏中，我们投放了竹筒、长木方、木棒、垫子、奶粉罐垫子、布料、工具等材料。按照自主游戏教育理念中的因地制宜，我们采用了以木、竹材质为主的自然游戏材料。选取的材料尺寸很大程度上保留了原有尺寸和材质，可以让幼儿感知真实的生活。

3. 幼儿的兴趣和前期经验

（1）幼儿的兴趣

在小树林的自主游戏活动中，幼儿喜欢用竹筒作为游戏的材料，利用竹筒玩出各种游戏花样。

（2）前期经验

幼儿已有与自然环境接触和吃竹筒饭的经验。竹筒作为常见的本土资源游戏材料，幼儿也有一定的认识。

【游戏过程】

游戏一：做竹筒饭

1. 过程实录

大雨过后，小树林里的轮胎内侧积了许多雨水。俞俞一手拿着竹筒，一手拿着奶粉勺，正从轮胎里往外舀水。

霖霖："你在干吗？"

俞俞："我在做饭。"

她用勺子翻动着竹筒里的草。霖霖拿着木棒在俞俞的竹筒里搅拌。

一会儿俞俞拿着竹筒来到轮胎旁，继续用勺子去舀水。

俞俞对缙缙说："我要把它装满，现在还没有满，你去弄点儿泥巴。"

她继续用勺子在竹筒里搅拌着。发现水少了，她又到轮胎旁边舀水。茵茵、缙缙过来了，他们蹲着看俞俞。

俞俞说："我在做一份竹筒饭。"不一会儿她说："好了可以吃啦！"

缙缙说："装到我这个里面嘛！"

俞俞没有听他的。这时缙缙试图拿过俞俞的勺子。嘴里说着："给我用一下。"俞俞闪躲了一下，拒绝了缙缙，随后又把勺子给了缙缙。

俞俞说："呐，给你一下咯，反正这是我的。"

缙缙回答道："又不是你家的。"

俞俞说："可是我家有这勺子，又不是学校的。"

他们继续开心地游戏着。

装水

搅拌 　　　　　　　　　　　　继续搅拌

2. 一对一倾听

教师："你今天想跟老师分享什么？"

俞俞："心心在缙缙旁边，缙缙拔了一大堆草放进去，比她更多。"

教师："噢？还发生了什么吗？"

俞俞："然后我就看见霖霖在捣碎那些草，那些草要一些，有一点儿不干净。你们怎么办？"

俞俞："我们去挑水，有脏东西可以去洗，不管桃胶还是草都可以洗。"

教师："噢，原来可以这样！"

俞俞："我们用棍子当柴，有一根草，干净的。找一根树枝，搓一下，用叶子当火，然后我们就煮了。"

教师："噢，真有趣！"

俞俞："这是树叶，这是椅子，树上红色的是桃胶。这个就是水（蓝色部分）。"

3. 幼儿游戏的表达表征

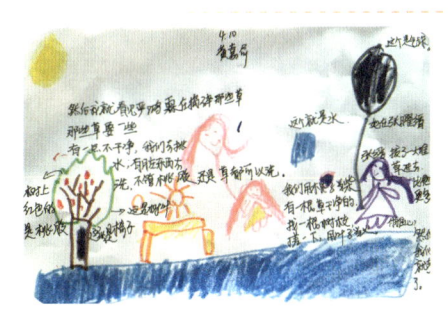

> 心心在缙缙旁边，缙缙拔了一大堆草进去，比她更多，然后我就看见霖霖在捣碎那些草，那些草要一些，有一点儿不干净，我们去挑水，有脏东西可以去洗，不管桃胶还是草都可以洗。
>
> ——俞俞

4. 观察思考

"做竹筒饭"游戏教师的观察及思考

教师的观察发现	幼儿经验获得及能力的发展	教育契机及支持策略
1.在做饭游戏过程中，缙缙没有勺子。 2.俞俞在把勺子借给同伴时，提醒同伴归还。 3.做竹筒饭的时候，幼儿不断地加水，水加入竹筒进行搅拌后变少。 4.一对一的对话中小朋友愿意与老师愉快地分享游戏故事，并能较完整地阐述游戏过程。 5.我们用棍子当柴，有一根草，干净的。找一根树枝，搓一下，用叶子当火，然后我们就煮了。	1.需要的材料没有时向同伴借用。 2.幼儿懂得分享，同时提示同伴用完东西要归还。 3.反复加水。 4.爱说、敢说、愿意说，叙述、表达的能力在提升。 5.以物代物，进行煮饭游戏。	1.教师给予添加游戏材料"勺子"的支持。 2.鼓励幼儿学会分享。 3.开展探究活动：水去哪儿了？ 4.教师给予幼儿足够的时间和机会进行叙述与表达，并积极给予回应。 5.持续关注幼儿的游戏，发现幼儿的学习与思考能力。

游戏二：卖竹筒饭

1. 过程实录

俞俞和心心坐在木墩上，他们的前面放了一张长木凳，长木凳上摆着几个竹筒，竹筒有的装着石头，有的装着一些草。

俞俞开心地捂着小嘴巴说："哎呀，怎么那么烫呀！"

心心："你尝尝这个。"

俞俞笑着："哎呀，更烫啦，怎么那么烫呀！"

心心："给你一个手套。"

接着心心分了2个石头给俞俞。俞俞拿着石头假装吃了起来。心心拿着一根短的棍子，在竹筒里搅拌。俞俞去寻找材料，不一会儿空着手回来了。

俞俞："我没找到棍子。"

心心："你用我的这个。"

说着心心便将棍子递给俞俞。

俞俞："准备吃咯！"

心心："拿来卖吧。"

俞俞："好呀好呀。"

说着俞俞开始小声地吆喝起来："卖……"

她笑着问心心："我们卖啥呀？"

心心说："卖饭呀！"

俞俞开始用些许腼腆的声音开心地吆喝："卖饭啦卖饭啦！快来看看呀。"

心心："还有菜呢。"

俞俞听后开心地大声吆喝着："卖饭啦，卖菜啦，快来瞧瞧呀，走过路过不要错过！"她反复地吆喝着。

心心："回家吃饭啦！"

卖竹筒饭

2.一对一倾听

教师："今天你有什么要和老师分享的吗？"

俞俞："心心去挑水，我去拿石头。心心帮我把很多东西搬运过来，我们还找到了一个很扁很大的石头。"

教师："噢，你们在玩什么游戏呀？"

俞俞："我们卖饭，我大声说，卖饭啦，卖饭啦，走过路过，不要错过，但是没有人来买。"

教师："这又是为什么？"

俞俞："可能我太小声了。心心说停一下。"

教师："嗯，还发生了什么吗？"

俞俞："这里是草堆，里面有小兔子，谁摘了果实就会变小兔子。"

3. 幼儿游戏的表达表征

> 心心去挑水，我就去拿石头。心心帮我把很多东西搬运过来，我们找到了一个很扁很大的石头。我大声说，卖饭啦，卖饭啦，走过路过，不要错过！但是没有人来买，可能我太小声了。付雅心说：停一下。
>
> 这里是草堆，里面有小兔子，谁摘了果实就会变小兔子。
>
> ——俞俞

4. 观察思考

"卖竹筒饭"游戏教师的观察及思考

教师的观察发现	幼儿经验获得及能力的发展	教育契机及支持策略
1.幼儿在游戏中假装食物很烫，将生活的经验迁移到游戏中。 2.俞俞去寻找木棒，但没有找到，同伴说："你用我这个。" 3.游戏中俞俞吆喝：卖饭啦！卖菜啦！走过路过不要错过！但没人来买。	1.在俞俞两次说食物很烫时，同伴给予了帮助，假装给俞俞一个手套，同伴互助。 2.同伴间学会相互帮助。 3.学习买卖，从腼腆到大胆。	1.教师发现幼儿游戏的生活化、趣味性，持续关注。 2.教师赞扬幼儿的同伴互助及分享精神。 3.开展游戏分享活动，共同探讨才有客人。

游戏三：卖冷热竹筒果冻

1. 过程实录

在桃树下，悦悦和心心在一张长木凳上面摆着五个竹筒，竹筒里装着石头，他们正在制作"食物"。

这时悦悦说:"诗诗,你来当客人。"

于是诗诗假装从远处走过来,停在了悦悦的"档口"前。

悦悦问她:"你要买什么?"

诗诗温柔地说:"我要买东西。"

悦悦拍拍旁边的心心说:"她要买东西。"

心心问道:"买什么呀?"

"买饭。"诗诗小声说。

心心指着一个竹筒说:"呐,这个就是饭呀。"她一边说一边把石头洗干净。

"你要大的还是小的?"一旁的悦悦问。

诗诗说:"我要小的哦!"

悦悦又问:"诗诗,你还要什么?"

诗诗说:"我再要一份饭。"

悦悦说:"你自己拿嘛!"

心心指着竹筒给诗诗介绍道:"这是蓝莓味,这是草莓味,这是杧果味,这些是果冻。"诗诗拿了一份果冻准备离开。

心心说:"还没给钱呢!"诗诗听后返了回来,悦悦伸出手假装收钱,诗诗在她手上拍一拍,假装给了钱,然后拿着果冻离开了。

卖果冻

2. 幼儿游戏的表达表征

俞俞去摘桃胶,他摘好拿个篮子给我们,我们需要做甜甜的小配料,放在果冻上。过了一会儿,诗诗说,悦悦我来当顾客。她说,有什么味道的?然后我说有杧果的,蓝莓的,草莓的,橘子的。他说今天好热,我要一个薄的防晒衣,她要拉链的,不要扣子的。

·204·

下篇 游戏观察

有个冰袋，我放上去它就变冰了，因为温静诗要吃果冻。然后她说要一顶帽子，我送给她的，不用钱，因为过节了，儿童节，果冻也不用钱。

第二天很冷。我把果冻拿去叮一下，果冻就暖了。第一天很热，吃冷的。

——俞俞

3. 观察思考

"卖竹筒果冻"游戏教师的观察及思考

教师的观察发现	幼儿经验获得及能力的发展	教育契机及支持策略
1.悦悦在游戏中分配角色："诗诗，你来当客人。" 2.游戏中三名幼儿反复地进行买卖游戏。 3.买卖时心心说："还没给钱呢。" 4.游戏故事中悦悦说："第二天很冷，我把果冻拿去叮一下，果冻就暖了。第一天很热，吃冷的。" 5.幼儿在故事中说道："过节免费赠送果冻。"	1.游戏中自主与同伴分配角色。 2.模仿、学习买卖，反复游戏习得买卖的方式和规则。 经验迁移：买东西要给钱。 3.将气候和食物进行关联，懂得保护自己的身体。 经验迁移：了解节假日的活动。	1.教师持续关注幼儿游戏进展。 2.开展社会活动"买卖"。 3.开展数学活动"认识人民币"。 4.组织幼儿进一步了解冷热食物对我们身体产生的影响。 5.鼓励幼儿在日常生活中发现更多有趣的买卖活动。

游戏四：竹筒涂鸦

1.过程实录

心心小朋友拿着画笔，沾了点泥巴，专心地在竹筒里涂，还往竹筒里添了几片花瓣。接着，她换了一把大刷子，到旁边沾了点泥巴，又继续往竹筒里刷：她一手扶着竹筒，一手用力地从竹筒头刷到竹筒尾。第一个竹筒刷好了，她又开始刷第二个。潼潼拿着小花过来了，她把花瓣撒进竹筒里。心心拿起大刷子，沾了点泥巴，继续刷第三个竹筒。她试着用小画笔，把花瓣从竹筒中弄了出来。接着，她拿起潼潼放下的碗，用画笔把里面的泥刮出来，刷到竹筒里，接着她用大刷子继续搅拌碗里的泥巴，再把泥巴刷到竹筒里。后来，潼潼递给心心一个胡萝卜玩具。心心开心地说："胡萝卜！"说完就用画笔，沾了点泥巴，开始在胡萝卜上涂鸦。

竹筒涂鸦

2. 幼儿游戏的表达表征

我用泥巴画竹筒，我和潼潼一起玩，她想玩，所以我跟她一起玩，然后潼潼又拿了花瓣过来玩。我们在玩画竹筒，收玩具的时候我还是收那个竹筒，潼潼拿竹筒装花瓣。我们想画竹筒，但是没有颜料，所以我们用泥巴来涂。

——俞俞

3. 观察思考

"竹筒涂鸦"游戏教师的观察及思考

教师的观察发现	幼儿经验获得及能力的发展	教育契机及支持策略
1.幼儿用泥巴反复细心地刷竹筒，不厌其烦地持续了很长时间。 2.游戏中，潼潼拿着小花过来把花瓣撒进竹筒里。后来，潼潼又递给心心一个胡萝卜玩具。 3.俞俞在游戏故事中说道："收玩具时我还是收那个竹筒；没有颜料所以我用泥巴刷竹筒。"	1.专注力得到了提升。 2.游戏中，同伴之间有互动，能够友好相处。 3.学会收纳与整理。 4.以物代物进行游戏，充分发挥想象力和创造能力，以及有发现问题和解决问题的能力。	1.教师放手和退后，时刻关注幼儿游戏，但不干预幼儿的游戏。 2.肯定幼儿的行为，持续关注。 3.教师提供颜料的支持。

游戏五：变色竹筒

1. 过程实录

心心正在拿着画笔给竹筒涂颜色。

俞俞走了过去说："我可以和你一起画吗？"

心心回答道:"可以呀!"

于是俞俞沾了点黄色的颜料,在竹筒里刷呀刷。心心则用粉色的颜料刷竹筒。

俞俞边刷边说:"好像变了一个颜色,哈哈哈哈。"

她又对着教师说:"这像什么颜色呀?"

教师回应道:"你仔细看看。"

她一边用颜料刷着竹筒一边对着教师说:"好像变成了橙色。"

她沾了点颜料,把竹筒翻了过来,继续刷着。

她抬头喊了一声:"心心。"

心心小朋友走了过来,用刷子沾了点白色,继续刷着竹筒。

俞俞说:"怎么变成白色啦?"

心心说:"你去洗一下刷子再刷就好了。"

"你帮我看着我的颜料。"俞俞说。

说完俞俞便去洗刷子了。俞俞回来后,她们继续在竹筒上刷,终于,竹筒被刷好了。

给竹筒刷颜料

2. 幼儿游戏的表达表征

我玩的游戏是普通游戏,我就画画,我想玩昕彤的,昕彤骑车,我推她。然后我点了一些颜料,不一会儿,我的裤子湿了,我的手酸酸的。我画了渐变色,心心涂白色,我涂黄色,心心涂边缘,我涂中间,然后就搭配出了渐变色。

——俞俞

3. 观察思考

"竹筒涂鸦"游戏教师的观察及思考

教师的观察发现	幼儿经验获得及能力的发展	教育契机及支持策略
1.游戏中俞俞说："我可以和你一起画吗？"心心说："可以呀！" 2.幼儿涂颜料的过程中发现变色。 3.俞俞在游戏故事中提到："心心涂白色，我涂黄色，心心涂边缘，我涂中间，然后就搭配出了渐变色。"	1.幼儿间学会了友好相处；想与同伴一起游戏时能主动请求加入。 2.幼儿在对颜料的探究中发现颜色叠加会变色。 3.幼儿发现颜料叠加形成渐变色。	1.教师放手与退后，持续观察幼儿游戏。 2.鼓励幼儿仔细观察，继续探究。 3.开展科学探索活动"颜色变变变"并投放绘本《小蓝和小黄》。

【教师的分析与反思】

（一）教师的成长和幼儿的发展价值

回顾竹筒游戏，教师有了更多的发现。幼儿在自由自主的游戏中，通过亲身感知身边的事物、游戏材料和实际操作获得经验，教师作为游戏的观察者、支持者，在幼儿没有遇到困难寻求帮助时，始终保持放手和退后，持续关注幼儿的游戏，支持幼儿的自主游戏。在教育观的转变下，教师发现幼儿在本次游戏中各领域的发展。

五大领域的发展

	健康领域	语言领域	社会领域	科学领域	艺术领域
具体表现	1.在五天的游戏中，幼儿愉悦地与同伴共同游戏。 2.俞俞使用勺子舀水。 3.心心清洗石头、传递石头。 4.心心、俞俞喜欢使用工具进行绘画。	1.在游戏中，能与同伴进行沟通交流。 2.愿意画出自己的游戏故事。 3.游戏分享中，幼儿能够倾听同伴的游戏故事并进行交流探讨。 4.一对一倾听表达：俞俞、悦悦、心心能够完整地叙述自己的游戏故事。 5.教师帮助幼儿复述游戏故事，为其梳理已有经验。	1.游戏中俞俞主动请求加入游戏。 2.俞俞在第一天游戏中把勺子借给了同伴。 3.俞俞、悦悦能够与同伴分配角色，友好合作。俞俞在卖竹筒饭的游戏中，能大胆吆喝。 4.幼儿玩卖冷、热果冻的游戏，还增加了客人的角色。	1.在探究煮竹筒饭时，发现竹筒中的水会慢慢变少、消失。 2.幼儿在卖冷热、果冻的游戏中，感知天气的变化。 3.幼儿在使用颜料时，感受颜色的变化。	1.俞俞在卖竹筒饭时，用石头当米饭，并用叶子和花朵进行装饰。 2.心心、俞俞用工具进行绘画创作，在画画过程中感受自然之美。

续表

	健康领域	语言领域	社会领域	科学领域	艺术领域
幼儿发展	（情绪安定愉快）经常保持愉快的情绪，不高兴时能较快缓解。（动作发展）可以表现出幼儿手部动作的灵活协调，幼儿手部动作的发展对于适应社会生活及实现自身发展具有重要意义。	（倾听与表达）1.在集体活动中能注意听教师或者其他人讲话。2.愿意用图画和符号表达自己的愿望和想法。3.愿意与他人交谈，喜欢谈论自己感兴趣的话题。4.能基本完整地讲述自己的所见所闻。	（人际交往）1.愿意与人交往，喜欢和小朋友一起玩游戏。2.对于大家都喜欢的东西能轮流分享。3.幼儿具有自信的表现，能够敢于尝试一定难度的活动和任务。	（科学探究）1.幼儿喜欢亲近自然，喜欢探究。2.在探究中认识周围的事物和现象。3.常常动手动脑探索物体和材料，并乐在其中。	（表现与创造）1.能够利用材料或工具的属性创造艺术效果，使呈现出来的作品（竹筒饭）越来越丰富。2.喜欢参加艺术活动，并能大胆地表现自己的情感和体验，能用自己喜欢的方式进行艺术表现活动。

（二）教师在游戏观察中的反思

1. 教师对幼儿的观察和支持

幼儿自主将自然材料融入游戏中，把石头、草当成饭、果冻，用泥巴当颜料，以物代物。幼儿能够利用同一种材料玩出不同的花样，游戏的状态非常投入，这离不开教师对幼儿的放手、信任和支持。

2. 幼儿的自主性

在小树林游戏中，幼儿通过自主选择伙伴和确定主题，让其自主性得到了充分发挥。幼儿在创造游戏、推进游戏的同时也在改变游戏。每个幼儿都有自己的思想，游戏促进了其同伴交往、分工合作、社会性的发展。

3. 幼儿在游戏中遇到问题，教师给予适当支持

在游戏活动中，幼儿能够积极参与，能够自主选择自己喜欢的伙伴进行游戏。教师通过观察发现幼儿游戏中的问题，给予相应的支持。

4. 教师专业水平的提升关系幼儿的成长

在游戏中教师的关注常常不够全面，提供的支持不够，或时机不够成熟，导致游戏不能更好地延伸。教师需要加强自身的业务学习，不断提升自己的专业学习能力，才能更好地了解幼儿、支持幼儿。

（三）教师的观察、游戏中存在的问题及改进方向

1. 游戏材料应丰富多样，及时添加和更换

游戏场地环境和材料是支持幼儿探索的重要条件，低结构、可移动、可组合，来源于生活的材料，往往更受幼儿喜爱。我们需要进一步提升游戏材料的支持，根据幼儿游戏的需求，不定期地增添、更换游戏材料。

2. 倾听与记录中应把"听"当重点

在一对一倾听中，教师常常把重点放在帮助幼儿记录上，而忘了给予幼儿眼神、表情和语言的回应。教师作为幼儿学习的支持者，应做幼儿最忠实的听众，积极回应幼儿的表达。教师应把重点放在"倾听"上，而表达较多的幼儿，可以借助工具进行记录。